古代歷史文化研究輯刊

二四編

王明蓀 主編

第13冊

明清旌表制度研究

楊陽 著

國家圖書館出版品預行編目資料

明清旌表制度研究／楊陽 著 -- 初版 -- 新北市：花木蘭文化
事業有限公司，2020〔民 109〕
目 6+178 面；19×26 公分
（古代歷史文化研究輯刊 二四編；第 13 冊）
ISBN 978-986-518-263-2（精裝）
1. 明清史 2. 中國文化 3. 封建社會 4. 社會制度
618   109011129

ISBN-978-986-518-263-2

古代歷史文化研究輯刊
二四編 第十三冊   ISBN：978-986-518-263-2

明清旌表制度研究

作 者	楊 陽
主 編	王明蓀
總 編 輯	杜潔祥
副總編輯	楊嘉樂
編 輯	許郁翎、張雅淋 美術編輯 陳逸婷
出 版	花木蘭文化事業有限公司
發 行 人	高小娟
聯絡地址	235 新北市中和區中安街七二號十三樓
	電話：02-2923-1455／傳真：02-2923-1452
網 址	http://www.huamulan.tw 信箱 hml810518@gmail.com
印 刷	普羅文化出版廣告事業
初 版	2020 年 9 月
全書字數	138000 字
定 價	二四編 21 冊（精裝）台幣 62,000 元

明清旌表制度研究

楊陽　著

作者簡介

楊陽，山西陽城人，教育學博士，高級教師，北京師範大學國學經典教育研究中心副研究員，中國教育學會傳統文化教育分會副秘書長。學術研究以教育史為主，涉及中國古代旌表制度研究、家風家訓、民國教育家、傳統文化教育教學、非物質文化遺產課程設置與教學教法等內容。已出版兩本個人專著，主編或參編教材近二十冊、學刊二十二期，在《光明日報》等報紙期刊發表論文、文章五十餘篇，多次獲得北京市教育科學研究一等獎。

提　　要

　　旌表是由官方對符合傳統禮教規範的個人或特定人群給予物質或精神層面的公開表彰。旌表萌芽於先秦，成長於秦漢，發展於魏晉，完善於隋唐，在宋元得到修補，在明清時期達到頂峰。本文經過文獻梳理和數據統計，對明清時期的旌表制度進行了探討研究。明清旌表的獎賞理念是官方確認的「忠、孝、節、義」等儒家觀念，統治者對孝子、順孫、義夫、節婦、烈女以及長壽老人、一胎多育者等旌表對象給予物質與精神上的雙重獎勵。旌表在明清受到法律和政策的規定，具有嚴格的程序，具體獎勵方式包括建祠堂、立牌坊、賜匾、樹碑、免除徭役、賞賜御書等。旌表的支出費用分為國家、地方和個人等三個層面的支出。綜觀明清旌表，主要有三大特點：一是動態性，表現在對前代旌表理念、方法的繼承，以及結合本朝實際，對旌表政策的動態調整。二是差異性，明清旌表的對象會因其性別、階層、民族、地域的差異，而在旌表中得到不同的待遇。三是系統性，明清旌表自身的理念、對象、程序、手段等要素都具有系統性。旌表對基層控制和民間教化有積極作用，對國家、家族以及個人也有重要意義。它鼓勵個人通過提升自我修養，使家庭和家族內部氛圍和睦，進而使地方民風淳樸和諧，從而為國家社會教化做出突出貢獻。

目

次

圖次

表次

導　論

　　社會科學研究通常緣起於三方面目的——個人的目的、實用的目的和科學的目的〔註1〕。其中，個人目的或者個人興趣是最常見的研究出發點。本研究正是來自於研究者本人對中國教育史明清時期旌表的關注，力圖通過對旌表的對象、程序等方面的研究，指向王朝統治者在基層控制與教化方面的手段和目的，並謀求從旌表的角度探討明清社會教化的方式與成果，從教化的視野來理清旌表有效運作的內在機制。故此，本研究的重點落在對民間教化有重大意義的孝子順孫、義民義夫、累世同居、節婦烈女等符合傳統道德規範的對象範圍內，暫不對軍功旌表、科舉旌表等展開詳細研究。經過對古代史料的長期閱讀，經過對旌表資料的分類彙總，經過對相關數據的整理統計，本研究基本把握了旌表的內涵、特點、運作方式等構成要素，能夠粗淺地畫出一幅旌表素描圖。

一、研究緣起與意義

　　中國是一個有著悠久歷史的大國，它的教育傳統和教化傳統是「橫看成嶺側成峰，遠近高低各不同」，充滿了迷人的魅力。傳統中國所提倡施行的「教化」，是一種高度關注現實與現世的道德體系，它的理念與宗教所強調的「來世」「末世」的思想不同。比起其他宗教、學說所強調的教義或理論，中國式的教化條件是人們更容易做到的，並且在很多時候不需要付出多少努力就可以得到回報，因而也最能夠被廣大民眾所接受。這大概是所謂的「禮教」能夠綿

〔註1〕陳嚮明，質的研究方法與社會科學研究〔M〕，北京：教育科學出版社，2000年，頁84。

延千年的緣由之一，也是統治者的教化政策能夠長期維持下來的原因之一。

（一）緣起

在對傳統教育與教化的經典研讀中，筆者發現很多的古代典籍裏都有關於旌表的敘述。在蒙學著作中，也涉及到了古代旌表行為的描述。比如流傳廣泛的《千字文》裏，就有「女慕貞潔，男效才良」的說法。可見，從小就灌輸給青少年的這些觀念，不僅符合當時主流的意識形態，而且可以使實行者獲得良好名聲，並進而有得到旌表的可能。獲得旌表，對個人、對宗族、甚至於對地方，都是一項崇高的榮譽。因此，旌表成為古代民眾的重要追求，絕大多數人期望「生不能封萬戶侯，但願死得一旌表」。

旌表在中國歷史上有著千年的延續〔註2〕，它可以幫助後人從更深廣的視野和角度來看待某一階段的歷史。基於這個起點，旌表涉及到的研究熱點很多，涉及到的研究範圍很廣。旌表的對象研究會涉及到對士紳、義門的研究；旌表的方式研究會涉及到對牌坊、匾額的研究；旌表的理論研究則涉及到對政治社會化、社會分層等社會學、人類學的理論……等等的研究。這些，都是旌表研究充滿魅力的地方。另外，旌表展示的是多數人所認可的、社會評價較高的方面，它包含積極進取的因素，使得研究者能夠長期保持興趣與活力。筆者期望通過研究明清旌表制度的表彰對象、表彰範圍、表彰方法、表彰影響，明晰明清旌表的變化，並同時與前代的旌表制度進行比較，總結出明清旌表的獨特特色。同時，盡可能在社會教化的視野內，找出明清旌表與其背後的社會、文化變遷和經濟、教育變化的關係，從而獲得對它的一個全面的、立體的認識。

（二）意義

教育史作為研究教育的專門史，作為歷史研究的一部分，不僅具有重要的學術意義，而且具有深廣的現實意義。從屬於教育史研究範圍的旌表，鮮明地折射出中國傳統社會的基本道德。它被認為是傳統社會的文化風向標。它直接影響著古代教育的內容。它的背後，是一個時代思想、教化和民俗的交織；它的支點，是一個朝代統治、控制和穩定的框架；它的變化，則演示了一段歷史、社會和文化變遷的旅程。在這個意義上，明清旌表的研究打開了一扇特別的窗口，展示出了傳統教育的發展和社會教化的歷程。

〔註2〕關於旌表的起源，有晉代起源說，有秦代起源說，還有傳說時代起源說，故筆者在此處簡單表述為「千年」。

　　另一方面，正如徐勇教授所說的，「歷史研究並不能超然於現實生活之外，歷史學不應該成為無助於我們當下工作和事業的無用之物。」〔註3〕旌表的研究，可以提供一條在變革社會中如何適應變革的思路。眾所周知，現在建構和諧社會的基礎與傳統社會的基礎差異很大。傳統社會旌表義門同居，而現在社會的家庭結構已經由傳統的混合家庭轉變為由父母和子女構成的核心家庭；傳統社會旌表貞女節婦，而現代社會則講求男女平等，女子有追求並選擇自己幸福的權利……但是，不論在古代，還是在現代，人們都存在對於主流意識形態的理解、接受和用之指導實踐的問題。在當今變化迅速的情境中，如何適應主流意識形態並把其作為行動的指南之一，旌表為人們提供了可以借鑒的範式或思路。

二、文獻綜述與簡析

　　旌表是客觀存在於傳統中國的社會統治現象。在漫長的古代社會發展過程中，旌表對百姓影響深遠，並隨著歷史社會的發展而不斷演替，形成了一個複雜、立體而有條理的整體。這需要學者們以更嚴謹的方式進行系統梳理和挖掘，並以更富有邏輯的理論形態方式來加以表述和呈現，使這一傳統中國的精神財富，重新煥發出生機和活力。

　　學術界關於中國古代旌表及其與教化之關係的研究論文並不豐富，因為研究角度、研究方式、研究方法各異，有關古代旌表的系統研究則比較少見。學者們對於中國古代旌表的研究多置於政治史、思想史、制度史的視界下進行分析，對有關中國古代旌表方式的專門論述卻很少。而在社會教化的視野內，對旌表進行研究、論述和分析的專著，就更為稀少。目前，國內外學者對旌表的研究雖然並不罕見，但多是對旌表制度的一些方面展開零散地研究，比如分析女子的節烈問題、論述孝道、探討養老、討論義門的比較多，而整體研究旌表制度的專著則相對較少。

（一）關於旌表的整體性論述

　　由於系統論述的專著較少，所以本研究的多數資料來自於對書中部分內容的摘抄、整理和引用。

〔註3〕徐梓，現代史學意識與傳統教育研究〔M〕，北京：中國社會科學出版社，2012年，頁5。

1. 著作

《中國社會通史·清前期卷》在「社會激勵機制」這一部分中列舉了幾種清代旌表的對象和類型——旌表樂善好施，旌表急公好義，旌表節孝，旌表累世同居（同居共財），旌表百歲老人等。〔註4〕在《重修臺灣省通志》卷六第一章「旌賞善行」中，也同樣對旌表的內容進行了分類闡釋。如節孝、鄉賢、樂善好施、急公好義、累世同居、百歲老人等。〔註5〕趙鳳喈在《中國女子在法律上之地位》一書中的第四章提到旌表，在關於「女子與公民權部分」的論述中闡述了旌表的作用與歷史沿革，並分析比較了封爵與旌表的相同點和不同點。他是比較早的對旌表進行界定的學者，他認為：「旌表者，乃國家對於男女之守節義者，建坊以表白其行為，俾社會一般人知所仿傚之謂也。」〔註6〕以上著作為本研究提供了對旌表的內容和分類的借鑒。

2. 博士、碩士論文

以研究「清明旌表」為主題的博士論文，目前沒有專門的著述。相關論文有上海大學李豐春博士的《傳統旌表活動與基層社會的控制》，文中引用了大量社會分層、社會認知、意見制裁、交往制裁等觀點，並具體論述了旌表制度在統治者的引導下是如何深入基層並展開運作的。〔註7〕她具有獨特的社會學視野，帶來旌表的研究方法和研究角度方面的新啟發。筆者認為，如果此文對旌表的程序能加以詳細論述，會更加切合「基層社會控制」這一主題。浙江大學王彥章的博士畢業論文《清代獎賞制度研究》，則通過對「獎勞勸功、旌表制度、尊老禮制、俎豆馨香」等幾個清代旌賞手段的系統敘述，來追溯旌表歷史源頭，細緻地考查旌表的實施情況，並對此進行梳理和分析。〔註8〕

黑龍江大學的崔靖在其碩士論文《明代前期旌表制度研究》中，從軍功、文臣、科舉等方面，詳細論述了明代旌表的對象和方式。〔註9〕來自同一所大學的劉洋在論文《清代前期旌表制度研究》中，特別注意到了清代旌表的「範

〔註4〕冀書鐸、趙雲田·中國社會通史·清前期卷〔M〕，太原：山西教育出版社，1996年，頁354～361。

〔註5〕臺灣省文獻委員會·重修臺灣省通志·卷六·旌賞善行〔M〕，1993年，頁45～135。

〔註6〕趙鳳喈·中國女子在法律上之地位〔M〕，中華教育文化基金董事會社會調查部，1977年，頁118。

〔註7〕李豐春·傳統旌表活動與基層社會的控制〔D〕，上海：上海大學，2008年。

〔註8〕王彥章·清代獎賞制度研究〔D〕，浙江：浙江大學，2005年。

〔註9〕崔靖·明代前期旌表制度研究〔D〕，黑龍江：黑龍江大學，2011年。

圍廣」和「差異化」的特點，從清代的官爵封授、科舉考試以及社會忠節孝義
等倫理風化和道德教育方面，展現出清代旌表對於當時的官方和民間所起到的
政治社會化的作用。〔註10〕

圖 1　懷王墓 2328 號簡

〔註10〕劉洋，清代前期旌表制度研究〔D〕，黑龍江：黑龍江大學，2011 年。

　　此外，吳豔豔的論文《中國古代旌表制度研究》在梳理了歷代法令中旌表的表述的基礎上，總結了旌表的社會功能，概述了旌表制度的發展與變革，從宏觀角度提供了對中國古代旌表制度的理解和掌握。〔註11〕韓帥則在論文《漢代旌表制度初探》中對漢代的旌表制度做了較為系統的分析。〔註12〕他通過分析一個朝代的旌表，為社會教化視野下的旌表分析提供了範例。此文在第一章「旌表制度溯源——先秦時期」中對旌表制度的源頭進行了詳細的考據，由於先秦是旌表制度的萌芽期，因此這個時段的旌表不但具有其原始性的一面，而且具有開創性的一面。更為可貴是，他用列表的形式，把「十三經」中「旌」與「表」的出處和例句都寫了出來，極大地方便了研究者的閱讀和參考。另外，臺灣國立成功大學歷史學系的黃玫瑄，在其碩士畢業論文《宋代旌表研究》（1995年）中，對當時的旌表範圍、方式等進行了分析。

3. 其他論文、文章

　　對旌表問題進行較早論述的文章有徐梗生的《清代節烈・旌表的檢討》、曾鐵忱的《清代之旌表制度》和日本小竹文夫（畢任庸譯）的《清代旌表考》。曾鐵忱將清代旌表對象和類型分為六種，即節孝旌表、累世同居旌表、百歲旌表、樂善好施表、急公好義旌表、一產三男旌表。他在結語中分析道，上述清代旌表制度，「可以認作是中國家族制度所資以維繫的根源。」〔註13〕楊建宏在《論宋代的民間旌表與國家權力的基層運作》一文中，對旌表做了這樣的定義：「『旌表』是政府以國家的名義壟斷的並根據一定條件、按一定程序向地方發放的一種榮譽性權力符號」。他同時對宋代旌表的程序、類型等內容做了論述，並認為宋代政權通過民間基層社會的旌表，在民間倡導了與主流文化相一致的時尚與習俗，進而把國家權力悄然深入民間」。〔註14〕但是，他的「基層的旌表制度是在宋代得以確立」的觀點，引起了爭議。筆者也不甚認同。（因為定州西漢中山懷王墓《六韜》2328號簡摹本，有「□者表其閭，君自至其家，君唯有善有□」的記錄。詳見圖1。這表明，先秦就已經有了「表其閭」的表彰方式。這是一種相對簡單的教化方式。）李豐春則在論文《社會評價論視野中的旌表制度》中提出：統治者通過非強迫的形式使平民自願地認同和遵

〔註11〕吳豔豔，中國古代旌表制度研究〔D〕，黑龍江：黑龍江大學，2009年。
〔註12〕韓帥，漢代旌表制度初探〔D〕，山東：山東師範大學，2008年。
〔註13〕高洪興等，女子風俗考〔M〕，上海：上海文藝出版社，1991年，頁552～577。
〔註14〕劉園園，北宋旌表制度初探〔D〕，上海：上海師範大學，2011年。

從王朝的主流意識形態，而旌表制度則是權力機關控制百姓意識形態的工具。
〔註15〕

　　秦永洲、韓帥在《中國旌表制度溯源》中論證了先秦是旌表的萌芽時期，對旌表制度的淵源進行了考證，提出旌表制度出現於先秦的觀點。〔註16〕韓帥還發表了論文《論漢代的旌表方式》，提到「刻石表閭」「扁表其門」「圖像其形」「樹碑立祠」等都是王朝統治者常用的旌表方式，並以此為基礎對漢代旌表方式進行了詳細地闡述和分析。〔註17〕程惠霞則在《論傳統表彰的政治社會化功能——對封建社會褒贈史實的理論分析》一文中，對表彰的含義、種類、方式，表彰在傳統中國政治生活中的具體實踐、表彰在朝堂的運行程序和運作模式以及表彰的政治社會化功能進行了論述。〔註18〕她運用社會學中的「政治社會化」理論，對傳統中國的獎賞制度進行了分析，是一個有啟發意義的嘗試。

（二）關於孝行旌表的研究

1. 著作

　　馬小紅的《禮與法：法的歷史連接》，龍大軒的《道與中國法律傳統》，史廣全《禮法融合與中國傳統法律文化的歷史演進》等著作，以「立法」為出發點，詳細論述了中國傳統社會對孝子順孫、貞女烈婦等行為的表彰，並指出在禮法融合過程中，這種表彰在逐步影響當時社會的同時，使傳統的忠孝節義（或忠孝節烈）思想走向僵化。

2. 論文、文章

　　李飛在《中國古代婦女孝行史考論》一文中認為，歷代統治者對孝行卓著的女子的表彰有兩種形式：「旌表」和「銘記史冊」。旌表分為「皇帝下詔旌表、州郡官府旌表、縣級官府旌表」三個級別，旌表方式因具體人和具體事而產生差異。〔註19〕值得一提的是，他通過整理《古今圖書集成》中的相關數

〔註15〕李豐春，社會評價論視野中的旌表制度〔J〕，河南大學學報（社會科學版），2007年，（5）。

〔註16〕秦永洲、韓帥，中國旌表制度溯源〔J〕，山東師範大學學報（人文社會科學版），2007年，（6）。

〔註17〕韓帥，論漢代的旌表方式〔J〕，雲南社會科學，2009年，（2）。

〔註18〕程惠霞，論傳統表彰的政治社會化功能——對封建社會褒贈史實的理論分析〔J〕，聊城師範學院學報，1999年，（6）。

〔註19〕李飛，中國古代婦女孝行史考論〔J〕，中國史研究，1994年，（3）。

據，對自漢代至清代因孝行獲旌的女子總人數、每個朝代的獲旌總人數以及獲旌者占總人數的百分比，進行了歸納、統計、分析，更加形象、直觀地展示了旌表發展的歷史趨勢。他用數據統計的研究方法來考察旌表制度，是值得本研究借鑒的。此外，王美華寫作了《官方旌表與唐宋兩代孝悌行為的變異》，主要對孝行進行了論述。〔註20〕

（三）關於女子和貞節問題的研究

1. 著作

鄭師渠主編的《中國文化通史·明代卷》，在其第八章「嚴密的宗法與等級制度」中認為貞節觀念早已滲透到社會的各個階層，書中論述了明代貞節旌表制度的建立，並敘述了旌表給女子帶來的傷害。〔註21〕章義和、陳春雷所著的《貞節史》，在其第三章「歷代對貞節的旌表」這一部分中，詳細地論述了旌表貞節的歷史變遷、旌表貞節的手續和方法，比較側重於清代這一歷史時期。他們認為，統治者通過行政手段對忠孝節義的人群進行表彰獎勵，目的是「以顯其行」，並倡導社會「仿傚之風」，這就是所謂的旌表制度。〔註22〕

此外，本研究用以借鑒的還有王曉清著述的《元代社會婚姻形態》。作者在「元代女子社會地位」這一部分中論述了元代的節烈旌表制度，主要從「元代貞節觀念、《元史列女傳》識微、元代旌表形制」這三個角度出發。〔註23〕這對筆者分析貞節觀對旌表制度的影響有很大的借鑒意義。

另外，在郭松義、定宜莊的《清代民間婚書研究》、陳顧遠的《中國婚姻史》、祝瑞開的《中國婚姻家庭史》、王文斌的《瘋狂的教化：貞節崇拜之通觀》等書中，學者們都重點論述了旌表制度影響下的女性的貞節觀。還有鄧小南的《唐宋女性與社會》以及美國學者伊沛霞著（胡志宏譯）的《內闈——宋代的婚姻和女子生活》，也都談到古代女子的婚姻情況。

〔註20〕王美華，官方旌表與唐宋兩代孝悌行為的變異〔J〕，東北師大學報，2003年，（2）。

〔註21〕鄭師渠編著，中國文化通史·明代卷〔M〕，北京：中共中央黨校出版社，2000年，頁304～306。

〔註22〕章義和、陳春雷著，貞節史〔M〕，上海：上海文藝出版社，1999年，頁152～196。

〔註23〕王曉清，元代社會婚姻形態〔M〕，武漢：武漢出版社，2005年，頁200～211。

2. 博士、碩士論文

臺灣文化大學史學研究所的安碧蓮在博士論文《明代女子貞節觀的強化與實踐》（1994 年）中，從明代的女教情況及旌表制度來看貞節觀的強化。此文從前朝的貞節觀談起，進而展開論及各朝貞節觀的發展與變化，還分析歸納了旌表的類型、程序、方法、弊病以及明代女子受旌的資格。

郭豔豔的碩士論文《宋代外命婦制度研究》、賀擁軍的碩士論文《中國早期貞節觀念初探》、金麗麗的碩士論文《唐宋同居共財的大家庭》等文章都具有較強的關聯性或者說相關性。比如賀擁軍的《中國早期貞節觀念初探》在論及旌表的消極意義的同時，又肯定了旌表制度的積極意義和正面影響。文中特別指出傳統道德要求女子保持貞節、堅守貞操，極大地傷害和摧殘了女子的身心。〔註 24〕此外，王澤剛的碩士論文《宋代婦女的再嫁、貞節與社會地位》從論述宋初「女子再嫁」現象入手，逐步展開研究宋中期以後貞節觀念日趨嚴格的情形，最後分析理學對宋代「女子再嫁」及女子地位的影響。〔註 25〕

3. 其他論文、文章

王傳滿寫了《女子節烈旌表制度的衍變》一文，系統闡述了自己對貞節表彰的看法。馮爾康則通過對清代社會史的研究，在《清代的婚姻制度與女子的社會地位述論》一文中，以梳理分析地方志的相關史料為基礎，論述了旌表貞節與女子再嫁的社會現象。相關文章還有杜慧的《晚清貞節旌表與女子守節》。

王鋒、林燕飛的《傳統貞節觀的經濟分析》、阮春林的《初探明清節婦生活的經濟來源》、安介生的《清代山西重商風尚與節孝女子的出現》等文章，從經濟學的角度出發，通過對經濟成本和收益的分析，來論述女子保守貞節的可行性。他們認為保有節義不僅要有精神方面的鼓勵，而且需要物質條件作為重要的保障，經濟基礎是女子獲旌的必要條件。

還有的學者從文學角度來進行研究。張紅霞、蘇曉輝的《論元代正統詩文中的貞婦烈女形象》、楊豔娟的《明代女性貞節觀研究——明代通俗小說管窺》以及劉嵐的《〈儒林外史〉中的寡婦命運》等論文通過對詩詞、小說、筆記的分析來闡述旌表給社會帶來的影響。

〔註24〕賀擁軍，中國早期貞節觀念初探〔D〕，湖南：湖南師範大學，2002 年。
〔註25〕王澤剛，宋代婦女的再嫁、貞節與社會地位〔D〕，吉林：東北師範大學，2007年。

（四）其他與旌表相關的研究

1. 著作

周榮在《明清社會保障制度與兩湖基層社會》中對「義夫」這一特殊的社會群體的事蹟進行了記載與分析。梁其姿則在《施善與教化──明清的慈善組織》一書中，指出義夫一心一意為亡妻守節、以及他們在不同歷史時期的慈善義行，同樣受到社會輿論的彰顯和表揚。

趙超的《古代墓誌通論》等著作，通過整理、分析歷代碑刻資料，對旌表制度進行分析和探討。他同時研究了旌表制度對中國古代社會的影響與作用。

黃仁宇的《萬曆十五年》（1587, A Year Of No Significance），以一個人或一件事為引子，通過分析當時的物價、生存的環境，通過層層剝繭，展現了明代的世俗生活和萬曆十五年的王朝的內在變化，為筆者提供了新的視野和新的寫法。

2. 論文、文章

那曉凌的《明清時期的「義夫」旌表》描述了明清時期義夫為亡妻守節等義行。同類的文章還有楊建宏寫作的《明清時期的「義夫旌表」》。趙克生的《義民旌表：明代荒政中的獎勸之法》和黎小龍的《義門大家庭的分布與宗族文化的區域特徵》等論文，均探討了不同歷史時段的百姓的慈善義行。這些行為通過旌表來得到彰顯。

浙江大學黃明光的《明代科舉制度特點論述》，趙克生的《試論明朝太廟的功臣配享及其變動》、陳文長的《明代科舉文獻研究》、徐青的《一部重要的明代科舉文獻──〈類姓登科考〉》、許振興的《論明太祖與功臣的關係》、陳長文的《明代進士登科錄對社會文化的影響》，以及「Preliminary research on the composition of the functional pattern of the county-level cities in Ming and Qing dynasty」都為本研究提供了歷史背景資料。龔成的《精神文明建設與中國的功勳制度》、景紅豔的《西周賞賜制度研究》、刁陽的《論春秋戰國時期的軍事賞賜》等文章在研究角度方面為本書提供了新視野、新思路和新角度。

（五）關於傳統中國的社會教化研究

1. 著作

完顏紹元在《千秋教化》一書中，總結了幾乎所有的教化方式，並對他

們的歷史沿革做了簡要論述，其中含有大量關於旌表的資料。張錫勤的《中國傳統道德舉要》專門設立「教化」篇，分別對樂教、神道設教、鄉規民約、家教家規等教化方式以及風俗做了系統的分析，這是目前筆者所見最為完整的教化思想及方式方面的系統論述。黃書光的《中國社會教化的傳統與變革》認為家規族法、祭祀活動、戲劇小說等教育形式在教化的過程中扮演了重要的角色。張惠芬主編的《中國古代教化史》對一些重要人物，如董仲舒、顏之推、韓愈、范仲淹、朱熹、王守仁、張居正、張之洞、顏元、戴震等的教化思想均進行了論述。馮秀軍的《教化·規約·生成：古代中華民族精神化育研究》中有大量關於教化的內容。在《人性教化：古代中華民族精神化育的理論支撐》這一章中，探討了傳統民族精神化育下的人性論；在《古代中華民族精神化育的機制與途徑：教化論》這一章中指出「教化活動的機制引導和控制著民族精神秩序建構與整合的過程與機制」〔註 26〕，並同時論述了中國古代教化的基本內容及其特徵。陳寶良的《明代社會生活史》通過研究具體的明代社會生活來論及民間教化。該書共有十一章，內容涉及到明代上至帝王下至平民百姓的家禮、宗教信仰、節日生活、社交禮儀、稱謂錄等眾多內容。葛荃則在《中國政治文化教程》一書中指出：「中國傳統政治文化中的『教化之道』正是現代政治學意義上政治社會化過程」〔註 27〕，並論述了符合傳統道德的模範人物的教化作用。書中關於「中國傳統政治文化的價值結構」「君子、小人、狂狷、鄉愿、偽君子等傳統政治人格」「君臣政治道德與賢人政治」以及「忠孝道德與傳統義務觀」四部分論述，給本研究帶來很多有益的啟示。

2. 博士、碩士論文

劉靜的博士論文《走向民間生活的明代儒學教化研究》，系統地研究了明代儒學教化的各個層面，為社會教化提供了新的視角。董琰在《中國古代教化研究》中，從確立「教化」的含義入手，在研究教化活動和教化思想發生的基礎上，對古代中國各個歷史時段的教化理念、教化模式、教化政策、教化活動等內容做了梳理，並進行了分析和探討。秦海瀅的博士論文《明代山東教化研究》，旨在將教化這一歷史現象置於山東區域，通過對《明實錄》《明會典》等史料的梳理，來探討教化所體現的文化精神及其地域性特點。該文從民眾生活

〔註26〕馮秀軍，教化·規約·生成：古代中華民族精神化育研究〔M〕，北京：中國社會科學出版社，2009 年。

〔註27〕葛荃，中國政治文化教程〔M〕，北京：高等教育出版社，2006 年。

的角度出發，通過考察地方與中央的互動，在研究明代教化政策的基礎上，深刻揭示了傳統教化的人文內涵以及其區域性的實踐意義。武穎昱則在《中國古代戲曲教化的當代借鑒》中，對教化劇在教化方面的地位、角色、功能、作用進行了分析研究。文中認為，戲曲是中國古代社會禮樂教化的重要手段，尤其以明代教化劇最為典型。王育的《秦漢鄉里教化研究》，論述了秦、漢鄉里教化的背景，鄉里精英的教化模式，含有儒家、道家思想在內的教化內容以及鄉里教化的各種方式。作者在上述基礎上，探討了秦漢基層教化的歷史意義和它對現實的啟示。諶玉潔的論文《〈新語〉與漢代的教化》則專門研究了陸賈《新語》中的教化思想和理論體系。她認為，「中國古代的教化雖溯於商周，但系統的教化理論的提出，全面教化措施的制定自陸賈始；把教化作為統治國家的基本方略之一，自漢代始。」〔註28〕

3. 其他論文、文章

劉東輝的《中國古代教化方法及其對當代思想政治教育方法的啟示》中，詳細論述了「身體力行」「化民成俗」「教育灌輸」「言傳身教」等教化手段及其帶來的啟發。郝鳳姣則在《中國古代教化方法的現代啟示》中列舉了「禮樂結合」「言傳身教」「化民成俗」等古代常見的教化方式，並闡述了其對當代的啟示意義。王毓明在《古代教化思想與形式》中，從三個方面對教化思想的依據進行了論述，文中記述了「司法德教」在內的古代德教的具體方式與手段。劉鳳梅在《古代教化與素質教育》一文中，指出中國古代的禮儀教化「重德輕技」，但其中蘊含著素質教育的要素，成為了中華傳統文化發展的「基本品質」。周致元的《明代徽州的教化措施及其影響》，通過分析明代徽州雖然經歷了商品經濟和戰亂的衝擊，但徽州官吏忠介、市民才友、女子貞節、商人重義等思想觀念卻一直延續到清代的原因，來表明統治者不斷用程朱理學加上朱元璋的聖諭六條作為理論武器，把綱常名教滲透在人們日常生活的各個環節中，全面地、持續地加強教化。陳延斌在《試論明清家訓的發展及其教化實踐》中，認為明清家訓在其內容和教化方式上都發生了顯著變化，其中的一個重要表現就是社會風俗教化內容增多。徐茂明的《明清以來鄉紳、紳士與士紳諸概念辨析》，則通過明清「鄉紳」「紳士」「士紳」概念辨析來論述基層教化的現象與結果。董柏林、王常泰則在《隱匿賦權與自覺內生的博弈——明清時期士紳教化權力

〔註28〕諶玉潔，《新語》與漢代的教化〔D〕，江蘇：南京師範大學，2011 年。

來源探析》中，得出士紳教化權力有著雙重權力源的結論。董柏林還在《恪守與超越：明清士紳教化的雙重取向》中，探討了士紳教化對社會基礎性變遷與西學東漸的回應。

三、概念界定與釋義

本研究中有如下幾個概念需要澄清、明確。

（一）旌、表、旌表

1. 旌

《說文解字》中注解「旌」曰：「旌，遊車載旌，析羽注旌首也。」〔註29〕這樣做的緣由是：「所以精進士卒也。」〔註30〕清代的段玉裁對《說文解字》中「析羽注旌首」予以了解釋：「所謂注旄於干首者，蓋夏后氏但用旄牛尾，周人加用析羽。」〔註31〕《爾雅・釋天》則注曰：「旄首曰旌，載旄於竿頭，如今之幢亦有旄。」

圖2　《說文解字》裏「旌」的篆體字

圖3　《六書通》裏「旌」的篆體字

按照《周禮・春官・司常》的記載：「司常掌九旗之物，名各有屬，以待國事。日月為常，交龍為旗，通帛為旜，雜帛為物，熊虎為旗，鳥隼為旟，

〔註29〕（清）段玉裁注，說文解字注・七篇上〔M〕，上海：上海古籍出版社，1981年，頁389。

〔註30〕同上。能夠查閱到「旌」、「表」與「彰」在《說文解字》和《六書通》裏的篆體字，沒有查閱到它們的甲骨文和金文的寫法。這表明了它們出現的年代。此處是借助它們的字形，來瞭解本意。

〔註31〕（清）段玉裁注，說文解字注・七篇上〔M〕，上海：上海古籍出版社，1981年，頁390。

龜蛇為旐，全羽為旞，析羽為旌。」〔註32〕可以得知，「旌」是古代中國的一種旗幟，是司常所管理的「九旗」之一。漢代鄭玄注云：「全羽、析羽皆五彩繫之於旞旌之上。」描述了這種旗幟的原貌。又《周禮・天官・掌舍》：「為幄宮設旌門。」「旌」在此處的含義依然指旗幟，並由此含義出發，發展出了「標明」的意思。如《禮記・檀弓下》：「銘，明旌也。以死者為不可別已，故以其旗識之。」又如《文選・張衡〈思玄賦〉》：「旌性行以製佩兮，佩夜光與瓊枝。」李善引注：「旌，明也。」

　　類似這樣的記載，史書中還有很多。如《國語・吳語》：「建旌提鼓。」《左傳・成公十六年》：「內旌於弢中」。《晉書》卷十一《天文志一》中記載：「旗即天鼓之旗，所以為旌表也。」提高了旗幟在旌表中的地位。宋人也有類似的理解，如《宋史》卷五十《天文志三》中記載：「左旗九星，在河鼓左旁，右旗九星，在牽牛北……天之鼓旗，旌表也。」

　　由前文記述可知，「旌」原意是指一種竿頭裝飾有犛牛尾巴，竿下面用彩色羽毛進行修飾的旗幟。如《楚辭・九歌・國殤》所講的：「旌蔽日兮敵若雲，矢交墜兮士爭先」；李白《發白馬》中的：「將軍發白馬，旌節渡黃河」；顏延之《三月三日曲水詩序》中的：「旌門洞立，延帷接枑。」就都展示了「旌」的風貌。在這些情況下，旗幟起到的是帶領、引導的作用。

　　由於旌經常用於開道或者引領兵士，起到了標識、識別、張揚、提醒的作用，「旌」的意思就逐步演變出了表率、彰顯、令人傚仿、引人照做的含義。當「旌」被當作動詞時，意思就更豐富了。如《左傳・莊公二十八年》中的「且旌君伐」和《史記》卷三十三《魯周公世家》中的「使後世旌識其功」，皆把「旌」當動詞來用。

　　此外，「旌」還常常與「表」同義。如曹操《表論田疇功》中的：「以旌其美。」還有《後漢書・胡廣傳》中的：「臣聞德以旌賢，爵以建事。」以及《左傳・僖公二十四年》中的：「以志吾過，且旌善人。」在這裡，杜預特地注釋曰：「旌，表也。」可見，旌不僅有標識、區別的含義，而且有著鮮明的表彰意味，並逐漸引申出了「旌揚、旌表」的含義。

　　2. 表

　　「表」的本義是指皮裘有毛的那一面。如《禮記・玉藻》規定：「表裘不入公門。」此後，「表」就有了表面、外表的衍義，並發展出了儀表、表率之

──────────

〔註32〕（清）阮元，十三經注疏・周禮注疏〔M〕，北京：中華書局，1980 年。

意。如《禮記‧表記》講道：「仁者，天下之表也。」又如《論語‧鄉黨》中記述道：「當暑，袗絺綌，必表而出之。」這句話裏的「表」就是名詞動用，即套上外衣、整理儀表的意思。

「表」還有標誌的意思，如《管子‧君臣上》中記載：「猶揭表而令之止也。」唐代尹知章為之注曰：「表謂立木為標，有所告示也。」而依據《荀子‧大略》中的記載：「武王始入殷，表商容之閭。」可見，表引申出了表揚、表彰的含義。所以，楊倞為這句話做注道：「表，築旌也。」結合前文杜預對「旌」的注釋，可知「旌」和「表」兩詞有時可以通用。類似的用法還可見鍾會《檄蜀文》：「周武有散財發廩表閭之義。」以及韋應物《石鼓歌》：「刻石表功兮煒煌煌。」

圖 4　《說文解字》裏「表」的篆體字

圖 5　《六書通》裏「表」的篆體字

「表」的這種含義在史書中也有不少，如《漢書‧張敞傳》：「敞本治《春秋》，以經術自輔，其政頗雜儒，往往表賢顯善，不醇用誅罰」。《後漢書‧劉茂傳》：「宜蒙表擢，以屬義士」。《三國志‧吳書‧陸續傳》裴松之注在介紹陸續之女鬱生時引《姚信集》云：「淑婦貞女，表迹家閭」。

3. 旌表

「旌表」二字同時出現最早見於傳說中的堯帝之時。在呂望的《六韜》中記述了這樣的做法：「民有孝慈者愛敬之，盡力農桑者慰免之，旌別淑慝，表其門閭。」〔註33〕同樣的表彰方式也出現在《尚書》中。《尚書‧畢命》記

〔註33〕（周）呂望，六韜‧卷一‧盈虛〔M〕，北京：中華書局影印叢書集成，1985年，3頁 A，《六韜》的說法，姑且信之。

載道：「旌別淑慝，表厥宅里，彰善癉惡，樹之風聲。」〔註34〕「宅里」即居處，孔穎達傳曰：「表異其居里。」孔穎達疏曰：「表異其所居之里，若今孝子、順孫、義夫、節婦，表其門閭也。」可見，後人的注點出了旌表的對象與方法。也就是說，把品行優良的人及其所居住的地區，用旗幟來表示並加以區別。

在史書中，「旌表」同時出現的地方就更多了。如《後漢書・中屠蟠傳》中記載：「尚當表旌廬墓。」《晉書・荀崧傳》中記述道：「苟有一介之善，宜在旌表之列。」〔註35〕而《宋書・余齊民傳》中也記錄道：「齊民……行貫生品，旌閭表墓，允出在茲。」〔註36〕《新唐書・玄宗皇帝紀》則寫道：「旌表孝子、順孫、義夫、節婦，終身勿事。」〔註37〕

除史書外，其他典籍中也可常常見到「旌表」。如宋代歐陽修在《左班殿直胥君墓誌銘》中寫道：「胥氏義聞鄉閭，門有旌表。」

對「旌表」的含義做了詳細解釋的是《冊府元龜》卷一三七《帝王部・旌表一》：「王者甄明高義顯異至行，所以激揚風化敦率人倫也；蓋天下至大，士民至眾，不可家喻而戶曉，故顯其忠，所以勵事君也；褒其孝，所以勸事親也；尊賢者，所以聳善也；表烈士，所以興義也。或授之爵秩，或祿其子孫，或旌其門閭，或賜以穀帛，以至復其徵賦，申以祠祀，皆因事以立教，獎一而勸百。故能述宣王度，丕變薄俗，民德歸厚，有恥且格，蓋上之行化，速於置郵，下之從風，易如偃草，繇斯道矣」〔註38〕。這個解釋詳細表明了旌表的目標、內涵、對象等。旌表一般是由上位者「王者」來實施；旌表的目的要讓民風淳樸，讓百姓知曉倫理，並鼓勵大家忠君、孝親、尊賢；旌表有授予爵位、給予財帛、免徵賦稅等方式；旌表的效果是讓大家都有榜樣可學，讓百姓的德行忠厚，知過能改。

《辭源》為「旌表」所下的定義是：「表彰。……自漢以來，歷代王朝，提倡傳統禮教，對『義夫、節婦、孝子、順孫』，常由官府立牌坊，賜匾額，稱為旌表。」〔註39〕

〔註34〕（清）孫星衍，尚書今古文注疏〔M〕，北京：中華書局，1986 年，頁 379。
〔註35〕（唐）房玄齡等，晉書〔M〕，北京：中華書局，1974 年。
〔註36〕（梁）沈約，宋書〔M〕，北京：中華書局，1974 年。
〔註37〕（宋）歐陽修、宋祁撰，陳煥良，文華點校，新唐書・玄宗皇帝紀〔M〕，長沙：嶽麓書社，1997 年，頁 71。
〔註38〕（北宋）王欽若等編，冊府元龜〔M〕，北京：中華書局影印本，1982 年，頁 1653。
〔註39〕辭源（二冊）〔Z〕，北京：商務印書館，1984 年，頁 1392。

在《漢語大詞典》中對旌表的解釋有二：「一是表彰，後來多指官府為忠孝節義的人立碑坊、賜匾額，以示表彰。二是指官府頒賜的用以表彰的牌坊或者匾額。」〔註40〕

（二）與「旌」「表」相關的概念

在眾多文獻中，與旌表相關的字詞還有「旌揚」「彰顯」「表彰」等。本研究特地對與「旌」「表」密切相關的「彰」〔註41〕進行了釋義。

「旌」有「彰」的含義在內。如《左傳‧定公元年》：「生不能事，死又難之，以自旌也。」杜預注：「旌，章也」。

圖6　《說文解字》裏「彰」的篆體字

圖7　《六書通》裏「彰」的篆體字

起初，「表」和「彰」也是不連用的。「彰」單獨使用，就有表揚、褒揚的含義。如《周書‧畢命》：「彰善癉惡」。「表彰」連用可見於《漢書‧武帝紀贊》：「罷黜百家，表章六經」，此處意為突顯，表揚。又如《晉書‧王導傳》載：王導「德重勳高……誠宜表彰殊禮」。這些地方用「表彰」，往往表明了彰顯、表揚的緣由和對象。

圖8　《說文解字》裏「顯」的篆體字

〔註40〕漢語大詞典〔Z〕，漢語大詞典出版社，1994 年，頁 1599。
〔註41〕在《說文解字》裏，彰被解釋為「文彰也」，與本研究關係不夠密切，故不列出。給出圖片的原因是從字形可以看出它與旌表的關係。

圖 9　《六書通》裏「顯」的篆體字

由上述可知，「顯」和「揚」也與旌表密切相關。關於「顯」，《說文解字》中講「顯，頭明飾也」。段玉裁注：「頭明飾者，冕弁充耳之類。」關於「揚」，《說文解字》中講：「揚，飛舉也。」

圖 10　《說文解字》裏「揚」的篆體字

圖 11　《六書通》裏「揚」的篆體字

圖 12　《金文編》裏「揚」的篆體字

由上圖可見，但凡與「旌表」相關的字、詞，都有著非常「鮮明」「凸顯」的意蘊。

（三）旌表界定

綜上所述，本研究認為，旌表是由官方對符合傳統禮教規範的個人或特

定人群，給予物質或精神層面的公開表彰。它有下述條件：一是實施旌表的主體必須是帝王、朝廷或地方政府，一定是上位者。二是旌表的性質是官方的，須由官方經過一定的程序進行審批並公布結果。三是旌表的對象是符合中國傳統禮教並行為出眾的人或特定人群。四是旌表的方式是文字（如牌匾、詔書）或實物（如金銀、牌坊）等明顯可見的實體。五是旌表的手段是公開的，有彰顯性的。

反過來說，如果實施表彰的主體沒有官方地位，即便是一時名流實施的表彰，也不算旌表。表彰如果是民間自發的，或是鄉民等人的贈與，也不是旌表。表揚的是一座山、一匹馬等非人的東西，也不在本文討論範圍內。如果被表揚者沒有公開獲得實物獎勵或獎勵無文字呈現，比如統治者臨時賞賜某人伴駕，也不算是旌表。最後，本文討論的是當時公開的表彰行為，密旨、密令等不在研究範圍內。

四、研究思路與方法

（一）研究思路

米爾斯（C. W. Mills）在探討治學之道時指出：「有時你會發現一本書沒有真正的主旨，僅有一串論題，當然還有方法論的導言，以及理論性導論。對於沒有思想的人來說，這些是他們寫書時真正必不可少的。當然這樣的書是缺乏明確性的。」〔註42〕筆者認為，其意指做研究一定要有主旨，盡可能避免論題的鬆散聯結，盡可能呈現研究的靈魂。基於這樣的考慮，本文沒有選擇「明清教化」或「明清表彰」這一相對較大的整體，而是借助社會教化的視角，通過對明清旌表文獻、旌表史料的收集與分析，來研究旌表制度發展到明清時期所表現出的特點。同時，在與前代相比較的基礎上，找出明清旌表制度在旌表對象、方式和程序上體現的新因素，分析產生這些特點的原因，並指出其在社會教化方面的重要作用以及與社會經濟、文化習俗的內在關係，從而獲得對明清旌表的立體認識。

（二）研究方法

為了完成上述研究任務，本研究主要運用如下研究方法：

〔註42〕（美）賴特・米爾斯著，陳強、張永強譯，社會學的想像力〔M〕，北京：生活・讀書・新知三聯書店，2010 年，頁 235。

1. 文獻研究法

文獻研究法以文獻資料為工具，主要指通過對著作、史料、論文、筆記等文獻的收集、甄別與整理，形成對客觀實踐的科學認識的方法。它包括文獻收集、文獻鑒別和文獻詮釋三個基本環節。本研究力求從文本的表層，通過翻譯或解讀，來分析文本背後深層次的意義。

由於明清旌表的史料眾多、內容龐雜，研究中必定會涉及到文、史兩方面的資料。在這種情況下，本研究會採用文史互證法，以使對旌表制度的論述和探討更加全面。比如，明清小說裏的對於貞節態度的描寫，能更生動地表明史料裏旌表貞婦的數量增多的原因。

此外，本研究力圖在前人研究的基礎上，歸納整理相關成果，梳理出對古代中國旌表的整體印象。

2. 案例研究法

案例研究法是一種「綜合運用多種收集數據和資料的技術與手段，通過對特定社會單元（個人、團體組織、社區等）中發生的重要事件或行為的背景、過程的深入挖掘和細緻描述，呈現事物的真實面貌和豐富背景，從而在此基礎上進行分析、解釋、判斷、評價或者預測」[註43]的社會科學常用研究方法。為了更好地呈現旌表對基層社會的影響，本研究會酌情選取方志、小說、筆記、戲劇中的故事和史書中記載較詳細的事件，來分析旌表的過程、步驟、成本等內容。

3. 數據統計法

在資料的整理和表述階段，量化的方式可以讓過程更科學，讓結果更直觀。因此，本研究會對旌表的數據進行統計和量化分析。對其中的部分研究內容用流程圖、走勢圖等做總結，以期獲得新的發現，得到更客觀地結果。如對於歷代受到孝悌旌表的人數進行統計，用表格就可以方便、直觀地比較不同朝代的重視程度。

4. 實地考察法

筆者認為，研究者可以通過對遺址、遺跡、博物館的參觀與查訪，把史料在腦海中進行加工，用想像和聯想來補充傳統中國世俗社會對旌表的理解和

[註43] 王金紅，案例研究法及其相關學術規範〔J〕，同濟大學學報（社會科學版），2007（3）。

追求。筆者一貫認為，歷史學也需要想像力。因為想像力是「一種心智的品質，這種品質可以幫助他們利用信息遞增理性，從而使他們能看清世事，以及或許就發生在他們之間的事情的清晰全貌。」〔註44〕

〔註44〕（美）C·賴特·米爾斯著，陳強、張永強譯，社會學的想像力〔M〕，北京：
　　　三聯書店，2001年，頁3。

第一章　中國古代旌表的發展

　　在古代社會，對孝子、順孫、義夫、節婦、烈女、忠臣以及累世同居的表彰與褒獎，是社會教化的重要方式。翻開歷代正史、野史、筆記、小說以及方志，此類記載數不勝數。直到今天，在中國各地依然保留著不少孝子坊、貞節坊等古代旌表制度的重要物質遺存。旌表不僅可以導民向善、淳化風俗、和鄉睦族，而且作為揚善、彰善的官方獎勵方式，發揮了重要的社會教化作用。

　　在漫長的發展歷程中，旌表的對象漸漸明確，手段越來越多，制度也逐步完善起來。由於史料龐雜，下文在論述旌表的發展時，不會把歷代旌表的各個方面都詳細地進行論述，只是擇取它們最具特色的一部分或對後世旌表有重大意義的部分來進行介紹。

一、萌芽時期

　　就本研究收集到的資料來看，最早關於旌表的言論見於《尚書》：「敷納以言，明庶以功，車服以庸。」〔註1〕這齣自禹對舜的進諫之詞。他認為，天子應該廣泛採納諫言，注重提拔任用賢明之人，明察他們的業績，並且用高車、華服等物質來獎勵這些人的勳勞。最早關於旌表的行為，也見於這個時期。「於是帝錫禹玄圭，以告成功於天下。」〔註2〕這裡的「玄圭」是帝對禹的功勞的獎勵，也是禹獲旌的獎品。不僅如此，堯帝還舉行了隆重的授獎儀式，向天下百姓昭告禹的功績。這可以看做是典型的旌表實例。在這一事

〔註1〕（清）孫星衍，尚書今古文注疏〔M〕，北京：中華書局，1986年，頁50。
〔註2〕（漢）司馬遷，史記〔M〕，北京：中華書局，1982年，頁49。

件中得到旌表的，還有秦人的祖先大費。他獲得表彰的場景如下：「禹受曰：『非予能成，亦大費為輔。』帝舜曰：『咨爾費，贊禹功，其賜爾皂遊。爾後嗣將大出。』乃妻之姚姓之玉女。大費拜受，佐舜調馴鳥獸，鳥獸多馴服，是為柏翳。舜賜姓嬴氏。」〔註3〕這一段把大費受旌表的前後過程講得很全面，詳細展示了「賜姓」這一表彰方式。

這裡需要指出，有學者認為，可以從「賜姓」這一手段的產生來計算旌表的延續時間。「在中國古代姓氏文化發展史上，姓氏賜予現象的產生，可溯源於距今5000年左右的父系氏族社會。《續文獻通考》卷二○七《氏族考》中載：『炎帝姓姜，太皞所賜也；黃帝姓姬，炎帝所賜也。堯賜伯夷姓曰姜，賜禹姓曰姒，賜契姓曰子，賜稷姓曰姬，是天子之賜也。』此段材料中涉及的炎帝、太皞、黃帝、堯、伯夷、禹、契、稷等人物，均是父系社會不同時期或不同區域的部落首領，他們的族姓全由受賜而來，足以證明姓氏賜予在父系時期就已經是一種普遍的社會現象。」〔註4〕這一表彰方式的最大特點是，它從誕生之日起，其權力就直接操縱掌握在部落聯盟首領或天子手中。當然，賜姓是否屬於旌表，還有待商榷。

（一）夏代

夏朝是中國史書上記載的第一個世襲王朝。在夏代的史料中，旌表事例多了起來。可見，萌芽時期的旌表得到了更好的成長機遇。在夏王孔甲當政時，有個叫劉累的人因「學擾龍於豢龍氏以事孔甲，能飲食之」，得到了「夏氏嘉之，賜氏曰御龍」〔註5〕的表彰。這裡的豢龍、御龍皆是以官名為氏。故此，杜預注曰：「豢龍，官名。官有世功，則以官氏。」〔註6〕可見，統治者對累世有勳勞的家族賜官名為氏名，是一種比較重要的鼓勵和旌賞方式。

同時，表彰軍功的案例也在夏代出現了。據《尚書》中的《甘誓》篇記載，夏啟曾在誓師大會上宣告：「左不攻於左，汝不恭命；右不攻於右，汝不恭命；御非其馬之正，汝不恭命。用命賞於祖；弗用命，戮於社，予則孥

〔註3〕（漢）司馬遷，史記〔M〕，北京：中華書局，1982年，頁179。
〔註4〕黃修明，中國古代賜姓賜名製度考論〔J〕，四川師範大學學報（社會科學版），2000，（6）。
〔註5〕（戰國）左丘明，左傳・昭公二十九年〔M〕，上海古籍出版社，1997年，頁1575。
〔註6〕（戰國）左丘明，左傳・昭公二十九年〔M〕，上海古籍出版社，1997年，頁1575。

戮汝。」〔註7〕也就是說,他在出發前強調,針對那些能夠奉命討伐有扈氏並奮起殺敵的將士們,他會在祖廟之前給予獎賞。此處或許就是旌表軍功的起源。之後,歷朝歷代旌表軍功的事例越來越多,但是,其社會教化的功能在逐漸減弱。

(二)周代

隨著社會發展的腳步,西周建立。它一改商王朝的內外服制度,大舉封建諸侯。旌表也隨之與分封緊密結合起來。分封的對象主要包含姬姓宗族、天子姻親、有功之臣和前朝遺民。分封的過程中,會「賞賜給他們建國必須的一整套官吏隊伍和文書檔案……以及用以表示諸侯政治地位和政治權利的車馬、衣服、器物等等。」〔註8〕此外,對於功績或德行的旌表,也可通過授予爵位或冊命來實施。「爵位之制的開始實行應當與分封制、宗法制的實施同步,具體而言,可以說它濫觴於周代的冊命制度。」〔註9〕《周禮·大宗伯》中也有天子對諸侯賜命的情況和等級的規定。這種賜「命」有九等,其中一命為最低等級的賞賜,僅是「受職」;九命為最高等級的賞賜,即「作伯」。〔註10〕

在東周前期,由天子主管的賜「命」的旌賞,是非常重要且盛大的,得到了各個諸侯的重視。《左傳·隱公六年》中記載了這樣一個故事:周天子對諸侯王說:「周朝向東轉移,依靠了晉國和鄭國」。原來,公元前771年,周王室遭遇了犬戎之亂,被迫遷移。在這個過程中,晉文侯和鄭武公很好地輔佐了新立的太子,並輔助周王室轉移到洛邑。這讓周平王十分感動,他為晉文侯和

〔註7〕(清)孫星衍,尚書今古文注疏〔M〕,北京:中華書局,1986年,頁54。
〔註8〕景紅豔,西周賞賜制度研究〔D〕,陝西:陝西師範大學,2006。
〔註9〕晁福林,先秦時期爵制的起源與發展〔J〕,河北學刊,1997年,(3)。
〔註10〕(清)阮元,十三經注疏·周禮注疏〔M〕,北京:中華書局,1980年。
　　　　這裡的「命」指天子冊命有功大臣的活動。「一」至「九」九個數字表示冊命的等級。其中「一命」屬於冊命活動最低之等級,「九命」屬於冊命最高之等級。綜合歷代禮家的注釋,「壹命受職」是指子男之大夫,王之下士始見命於王,被賜爵授職。「再命受服」是指子男之卿,王之中士被王冊命且賜以祭服。「三命受位」指列國之卿,受王冊命,始有位於王,為王之臣。「四命受器」指公之孤受王冊命且被賜以祭器。「五命賜則」指王之下大夫四命,出封加一等為五命,被賜以方二百里之地。「六命賜官」指王六命之卿始得自置其家臣,治家邑如諸侯。「七命賜國」指王之卿六命,出封加一等者,出就侯伯之國。「八命作牧」指七命之侯伯,受王冊命,權利加一等,有征伐諸侯之權力。「九命作伯」,指王之三公有功德者,受王加命為二伯,得征五侯九伯。

鄭武公二人賜「命」，都賞賜為「侯伯」。〔註 11〕於是，晉、鄭兩國享有了其他國家沒有的權利，比如救助弱小遭難國家、討伐懲處其他國家等實權。當然，周天子還給予了兩國國君物質上的獎勵，所賜的獎品包括一把紅色的弓、一百支紅色的箭和四匹馬等物品。〔註 12〕

　　周天子東遷後，諸侯爭霸拉開了序幕。旌表在其中發揮了重要作用，旌表事件越來越多。在晉國，晉文公流亡多年，回國一登位，就立即封賞了自己的追隨者。功勞大的人，就封給城邑，功勞小的就賜予爵位。晉文公賞賜的標準是：用仁義來指導他，用賢德來防止他犯錯的人，給予上等賞賜；輔佐他歸國，最終得以立身的人，給予次一等的賞賜；為他鞍馬勞頓、護衛前後的人，給予再次一等也就是第三等的賞賜；在上述三個等級之外，僅僅依靠勇猛而追隨他的人，也可以得到賞賜。〔註 13〕可見，晉國對軍功勳勞的旌表，並沒有階層的限制，任何有功之人都可得到相關旌賞。類似的例子還有《左傳·僖公二十八年》中記載的「城濮之戰」。當時，晉國的軍隊士氣很高，在戰爭中打敗楚國。歸國後，戰功卓著的晉軍將士得到了晉國國君的優厚賞賜。〔註 14〕

　　不僅是晉國，齊國也非常注重旌表。比如，對於在戰爭中借錢給國家的人，管子下令對他們進行旌表，提高他們家的門閭，還讓八位使者賜予他們玉璧，並賞賜給他們鹽等生活必需品。〔註 15〕這樣做不僅贏得了民心，更為日後的富強奠定了重要的基礎。在秦國，旌表則更為詳細、具體，施行也更加迅速。如《商君書·境內篇》規定，率領五人小隊的負責人為屯長，率領百人隊伍的負責人就是一員小將，如果能斬首敵軍 33 人以上，「百將」「屯長」就能得到「賜爵一級」的旌賞。〔註 16〕又比如公元前 293 年，白起還只是左更爵級，到了公元前 260 年秦趙長平之戰後，白起被秦昭王封為武安君。還比如荊軻刺秦後，秦王立賞功臣，用豐厚的財物來旌表眾人的護駕之功：「論功賞群

〔註11〕（戰國）左丘明，左傳·隱公六年〔M〕，上海：上海古籍出版社，1997 年，頁 37。

〔註12〕（清）孫星衍，尚書今古文注疏〔M〕，北京：中華書局，1986 年，頁 238。

〔註13〕李玉潔，春秋時代晉國尊功尚賢與世卿世祿制度探析〔J〕，鄭州大學學報（哲社版），2006 年，（1）。

〔註14〕（戰國）左丘明，左傳·僖公二十八年〔M〕，上海：上海古籍出版社，1997 年，頁 377。

〔註15〕（唐）杜佑，通典卷十二·輕重〔M〕，北京：中華書局，1984 年，頁 146～147。

〔註16〕朱紹侯，秦軍功爵制簡論〔J〕，河南大學學報（社會科學版），1979 年，（6）。

臣及當坐者各有差；而賜夏無且黃金二百鎰。」〔註17〕

　　由上述內容可知，先秦是旌表的萌芽時期，它反映了後世旌表的一些內涵。比如，通過夏啟的言論，後人可以得知，對於軍功的旌表，首先強調的是聽令。旌表的條件必須是於國有利的行為。旌表的方式以「彰顯」為目的。

二、成長時期

　　秦始皇統一六國後，旌表也隨之進入到了快速的成長時期。旌表的對象開始從文武百官擴展到平民百姓。

（一）秦代

　　進入秦代，為了滿足專制的中央集權的需要，旌表在「忠」的宣傳方面具有十分明顯的導向性。正如顧頡剛所說的：「自秦皇一統之後，君臣之義無所逃於天地之間，忠君的觀念大盛。」〔註18〕這也直接影響到了漢代。

　　與獎勵「忠」並生的，就是旌表軍功。為了鼓勵國人崇尚武功，秦朝施行十二級軍功爵制，並對這種制度給予了詳細的獎賞規定。秦朝對獲得軍功的人，不論地位高低、不論出身貴賤，都給予非常優厚的賞賜，並把他們的軍功作為陞官與賜爵的根本依據和硬性指標。在《雲夢秦簡》的《秦法律令一》中，就有相關的論述。根據朱紹侯先生對秦簡的分析可知，秦朝直接在法律層面，規定了軍人要獲得爵位、土地與財物的充要條件是軍功。違背這個規定的懲罰是嚴格的，甚至會禍及子孫。因為秦律規定，如果某人在得到爵位的過程中去世了，若發現他有罪，那麼他的罪罰就會轉移給子孫，他的後人自然無法取得原有的爵位和財物。當然，若某人已經接到獲取爵位的審批詔書，但是還未得到旌賞就去世了，朝廷還是會按規定給予相應的賞賜的。

　　此外，秦律還規定，得到軍功爵位的對象，是從軍者。對於貴族和宗室成員而言，如果沒有軍功，按律也是不能記名入屬籍的。〔註19〕所應表彰的功勞，是在從軍後取得的功勞。在旌賞程序中，有關部門要對從軍者的功勞進行評價，然後對所評議的軍功進行核實，之後確定等級，最後才根據功勳大小，進行旌賞。與這套法令相搭配的，則是嚴格的懲處制度。秦軍中五人為一伍，

〔註17〕（漢）司馬遷，史記〔M〕，北京：中華書局，1982 年，頁 509。
〔註18〕顧頡剛，古史辨〔M〕，（一冊·自序），上海：上海古籍出版社，1982 年，頁 56。
〔註19〕（漢）司馬遷，史記〔M〕，北京：中華書局，1982 年，頁 413。

若有一人臨場膽怯或轉身逃跑，這人必定被處死。同時，其餘四人也會因此而牽連受罰。所以，秦人在入伍後，其家人往往囑咐他們不要做逃兵。

（二）漢代

到了漢代，旌表對象擴大，同時旌表方式也日漸多樣。漢代在表彰軍功方面，同樣實行分級別的軍功爵制。此外，對當世有功之臣，如張良、衛青、霍去病、霍光等人的旌表，還採取了「圖畫於未央宮」〔註20〕「墓似祁連山、刻石雕」〔註21〕「乃圖畫其人於麒麟閣」〔註22〕等方式。特別是為了旌表霍去病在反擊匈奴中立下的功勳，漢武帝在他去世後，為他舉行了高規格的葬禮，建造了與祁連山相似的墳墓，並特許他陪葬在自己的茂陵邊，即「發屬國玄甲軍，陳自長安至茂陵，為冢象祁連山」〔註23〕。墓周圍，還用花崗巨石雕成各種石人、石獸列陣墓前，以振威勢〔註24〕。其中，「馬踏匈奴」更是藝術地再現了霍去病痛擊匈奴的英姿。這些作品的建造，使得中國的雕塑開始出現真正意義上的紀念碑雕塑，在中國雕塑史和旌表史上都是重要典範。〔註25〕

通過建築來旌表的方式，並不侷限於大臣。如《後漢書・孝安帝紀》中記載：「貞婦有節義十解，旌表門閭，旌顯厥行。」很多學者針對這句話，提出了對自己對旌表的觀點：「這可以看作是貞節牌坊的雛形」「後世之烏頭綽契、照耀閭里，這是濫觴了」〔註26〕當然，這樣的旌表是有程序的。比如《華陽國志・先賢士女總贊下・梓潼士女》中提到的孝子李餘：「餘乃詣吏乞代母死。吏以餘年小，不許，餘因自〔刎〕死。吏以白令，令哀傷，言郡，郡上尚書〔出慎〕（天子與以財葬）〔太守與令以家財葬餘〕。圖畫府庭」。這裡提到的上報的程序是：吏—令—郡—尚書。當然，在實際操作中，並不一定每一個環節都具備。縱觀兩漢旌表史實，既有地方政府先行旌表的，也有感事蹟典型從而層層上報後再行旌表的。

〔註20〕（漢）司馬遷，史記〔M〕，本傳「太史公曰」。
〔註21〕（漢）司馬遷，史記〔M〕，本傳及注；（漢）班固，漢書〔M〕，本傳及注。
〔註22〕（漢）班固，漢書・蘇武傳〔M〕，北京：中華書局，1962年，頁2469。
〔註23〕（漢）司馬遷，史記・卷一百一十一・衛將軍驃騎列傳〔M〕，北京：中華書局，1959年，頁2993。
〔註24〕霍去病墓的最早記載見於《史記》，霍去病石雕比較早的記載見於《史記索引》與《漢書注》。
〔註25〕邵美，談霍去病墓雕塑〔N〕，藝術研究，2003年，（1）。
〔註26〕（民國）陳東原，中國婦女生活史〔M〕，商務印書館1928年，頁54。

漢代還有一個特別重要的旌表類目，就是孝行旌表。漢朝是中國歷史上第一個公開推行「以孝治天下」的王朝。在用人制度上，提拔重用孝悌者。武帝時，「初令郡國舉孝廉各一人，」〔註27〕以後舉孝廉成為制度，即以「孝」作為任用官吏的標準。對於普通百姓，漢王朝還以復除與賜帛的形式來優待孝子。如文帝十二年三月的詔書規定：賞賜三老、孝子順孫五匹帛，賞賜友愛兄弟、努力耕田的人兩匹帛，賞賜廉潔奉公的官員三匹帛。他在臨終前還不忘「賜諸侯以下，至孝悌、力田，金錢、帛各有數。」〔註28〕漢惠帝四年則出臺了新的旌表措施：「舉民孝悌、力田者復其身。」〔註29〕

除了對當世人物進行旌表，統治者還對漢代之前的聖賢，比如三皇五帝、孔子、老子等人進行了旌表。採用的方法有「漢桓帝立老子廟於苦縣之賴鄉，畫孔子像於壁」〔註30〕；「尚書奏事於明光殿，省中畫古烈士，重行書贊。省中皆以胡粉塗壁，紫素界之，畫古烈士」。〔註31〕可見，旌表機制開始在中央運轉起來。

整體來說，秦漢旌表的相關內容為後世的旌表制度初步奠定了基礎。從旌表對象的確立上看，《後漢書・百官志五》所說的對「孝子順孫」「貞女義婦」「讓財救患」「學士為民法式者」等幾類人的旌表，與《魏書・世宗宣武帝紀》中的「孝子、順孫、廉夫、節婦旌表門閭」以及《元史・百官志八》旌表「孝子順孫、義夫節婦、高年耆德」是極其相似的，都明確傳達著古代社會的道德價值取向。

三、發展時期

以秦漢實例為基礎，旌表在其後進入了高速發展階段，並產生了較大的變化。

（一）魏晉南北朝

魏晉南北朝時期，旌表制度得到繼承並開始有序地發展。魏晉南北朝沿

〔註27〕（漢）班固，漢書・蘇武傳〔M〕，上海：上海古籍出版社，1986 年，頁 382。
〔註28〕（漢）班固，漢書・卷六〔M〕北京：中華書局，1962 年，頁 279。
〔註29〕（漢）班固，漢書・卷五〔M〕北京：中華書局，1962 年，頁 243。
〔註30〕（西晉）陳壽，三國志・卷十六・魏書〔M〕，（倉慈傳注）。北京：中華書局，1959 年，頁 541。
〔註31〕（清）孫星衍等輯，漢官六種・漢官典職儀式選用一卷〔M〕，北京：中華書局，1990 年，頁 204。

襲了兩漢的做法「以孝治天下」，因此正史上開始出現《孝義傳》《孝友傳》《孝感傳》和《孝行傳》等記錄孝行的類傳。但是，對於秦漢推崇的「忠」，重視度在逐漸下降，因為統治者手中的權力多是篡奪而來的。正如魯迅所說：「魏晉為什麼要以孝治天下呢？因為天位從禪位，即巧取豪奪而來，若主張以忠治天下，他們的立腳點便不穩，辦事便棘手，立論也難了，所以一定要以孝治天下。」〔註32〕於是，出現了將「不忠」之臣以「不孝」之名殺死的事情，以解除其對皇權的威脅。如「曹操殺孔融，司馬鼓（應是司馬昭）殺嵇康，都是因為他們和不孝有關。」〔註33〕

也許因為上述原因，一些與孝相關的現象，一些在秦漢就出現而未被旌表的對象，如累世同居，開始得到統治者的重視。累世同居的旌表最初見於南朝宋文帝元嘉年間，《宋書·孝義傳》載：「元嘉初，西陽董陽五世同財，為鄉邑所美。」到了北魏，對累世同居者進行表彰的權威評價活動更是頻繁，但表彰的力度明顯要比前代小。如《魏書·孝感傳》中，「東郡小黃縣人董吐渾三世同居，閨門有禮。景明初，畿內大使王凝奏請標異，詔從之。」這條記錄與《南齊書·孝義傳》中的旌表相比，獎勵的力度要小，如對董吐渾的旌表，僅「標異」，也就是只給了一種精神上的獎勵，而沒有物質的獎賞。此外，在全國性的慶典時，對孝子、義夫、節婦等也要大加旌賞。如南朝明帝建武元年十一月戊子，朝廷立皇太子後，就對孝子、從孫、義夫、節婦等大範圍地加以旌賞，不僅表其門閭，還給予布帛等賞賜。〔註34〕

（二）隋唐

隋唐時期，旌表制度開始不斷的發展，並逐漸成為定例。如《北史·隋煬帝紀》：「義夫節婦，旌表門閭。」〔註35〕《唐六典》卷二《尚書吏部》中「司勳郎中員外郎」就規定：「凡孝義旌表門閭者，出身從九品上敘。」〔註36〕

〔註32〕魯迅，而已集·魏晉風度及文章與藥及酒的關係〔M〕，北京：人民文學出版社，1973 年，頁 87。

〔註33〕魯迅，而已集·魏晉風度及文章與藥及酒的關係〔M〕，北京：人民文學出版社，1973 年，頁 84。

〔註34〕（清）朱銘盤撰，南朝齊會要〔M〕，上海：上海古籍出版社，1984 年，頁428。

〔註35〕（唐）李延壽撰，北史·隋煬帝紀〔M〕，北京：中華書局，1974 年，頁 442。

〔註36〕（日）仁井田陞，唐令拾遺〔J〕，日本：日本東方文化學院東京研究所刊，1932 年，中國唐史學會複印本，頁 22。

特別是前文提到的《冊府元龜》旌表部，就明確指出了旌表的功能，確定了旌表的基調。〔註37〕

隋朝雖國運短暫，但也是以「孝治天下」作為基本國策，隋文帝楊堅就認為：君子立身有百種的方式與行為，但其首要和重要的，則是「誠與孝」。他還身體力行，為臣民做出表率。當他征討歸來時，自己的母親因病在床上躺了三年，他就晝夜不離，侍奉在旁，被讚為「純孝」。此外，隋朝還對孝行旌表給予豐厚的物質獎勵，甚至賜予常人難得的政治待遇。如觀國公田仁恭的兒子田德懋，從小就因「孝友」而出名。皇帝知道後，就對他進行了嘉獎。一是把他居住的村改名為孝敬村，居住的里改名為和順里；二是賜予他200匹縑；三是賞賜他100石的米；四是把他作為重點的幹部培養對象。於是，田德懋先後得到太子舍人、義州司馬、尚書駕部郎等官職，直到去世。〔註38〕正是在皇帝的感召和政策的指導下，隋朝從宗親貴族到平民百姓，產生了大量名傳後世的孝子順孫。唐朝統治者同樣信奉「以孝治天下」的理念。唐朝在人才選拔的科舉考試中，把《孝經》列入必考的範圍。並同時規定，參加考試的人，需要有突出的孝悌品德並受到推薦，才能參與考試。朝廷還對因孝入選者給予特殊的照顧。

隋唐時期，雖然門閥制度漸趨消亡，累世同居大家庭的門庭風範及其社會聲望卻依然隆盛不衰。據統計，《舊唐書‧孝友傳》和《新唐書‧孝友傳》共記載累世同居42家。其中有曾書百餘「忍」字的壽張張公藝，及異姓同居的恒州鹿泉人李處恭、張義貞兩家……他們的獲旌，表明了統治者對庶族累世同居的重視。

（三）宋元

到了兩宋，隨著程朱理學的發展，統治者為了鞏固統治，更是加強了對臣民思想上的控制。此時，旌表的範圍變得愈加寬泛。旌表的對象有忠臣、孝子、順孫、節婦、義民等「有奇材、異德及政事尤異者」〔註39〕。此外，統治者對累世同居、長壽老人的旌表也非常重視。需要重視的是，可能因為「士

〔註37〕（北宋）王欽若等編，冊府元龜〔M〕，北京：中華書局影印本，1982年，頁1653。

〔註38〕（唐）魏徵，隋書〔M〕，上海：上海古籍出版社，1986年，頁3447。

〔註39〕（元）脫脫等撰，宋史‧卷114‧禮志十七〔M〕，北京：中華書局，1977年，頁2703～2704。

大夫忠義之氣，至於五季，變化殆盡，」〔註40〕宋代「忠義」旌表的數量特別多。在《宋史》中《忠義傳》就佔了十卷，超過了道學、儒林、文苑、孝義等。但是，宋代的「忠」與秦漢不同，它是「孝忠」，而非「忠孝」。

眾所周知，宋朝建立的起點是趙匡胤「黃袍加身」的兵變事件，開國大臣很多都是後周的臣子。按傳統道德的觀點，這些人是後周的亂臣賊子。因此，統治者很難以「忠」立論。故開國伊始，宋代統治者為了達到「以孝事君則忠」〔註41〕的政治教化目的，對所推行的王道教化的內容進行了修改。在面對後周遺留下來的臣民時，尤重倡孝，力圖通過孝道訓教的途徑來「教孝求忠」〔註42〕，構築忠孝一體的同源關係。

宋代旌表孝悌的事例非常多，所有的獲旌者，不僅可得「蠲其課調」「除其搖役」「賜以粟帛」等實惠而令人羨慕的物質賞賜，而且其孝悌的言行往往被「宣付史館」而載入汗青。由於旌表孝悌是直接由天子賜予的一種崇高政治榮譽，因此，普通人一旦獲得朝廷旌表，就會得到社會大眾的認同和推崇，成為人人敬仰的模範，其行為也必然被學習和模仿。正是由於王朝統治者對「一人篤孝天下尊」〔註43〕的推崇，正是由於民間孝悌楷模和貞節模範的帶動，正是由於旌表的激勵政策，宋代社會形成了重孝、講孝、行孝的濃厚孝文化氛圍。

此外，由於有魏晉南北朝的大力表彰，再加上隋唐統治者把「累世同居」的觀念深入到民間，使得宋代的累世同居之風達到了鼎盛，「至於數世同居，輒復其家。一百餘年，孝義所感，醴泉、甘露、芝草、異木之瑞，史不絕書，宋之教化有足觀者矣。」〔註44〕同時旌表的方式更加多樣。除去「詔表門閭」「免除租稅」等最普遍的表彰方式，統治者還採取了給所居鄉里賜名，把孝悌友愛之人選拔為地方助教或直接任用為官吏等旌表方式。就這樣，獲旌的人家不僅能在經濟上得到回報，而且能在政治上提高社會地位。可以說，除去科舉制度外，旌表為平民百姓打開了一條向上流動的通道。

〔註40〕（元）脫脫等撰，宋史‧卷446‧忠義一〔M〕，北京：中華書局，1977年，頁13149。
〔註41〕（元）脫脫等撰，宋史〔M〕，上海：上海古籍出版社，1986年，頁6529。
〔註42〕（元）脫脫等撰，宋史〔M〕，上海：上海古籍出版社，1986年，頁6588。
〔註43〕（元）脫脫等撰，宋史‧孝悌部‧文藝二〔M〕，上海：上海古籍出版社，1986年。
〔註44〕（元）脫脫等撰，宋史〔M〕，上海：上海古籍出版社，1986年，頁5191。

　　元代游牧民族入主中原後，有人認為，「元朝政府對一般的孝行常理極為淡漠」。但是，統計南北朝至清代的二十五史中被旌表的孝行、孝義、孝友、孝感，以被旌表的人數來看，元代是最多的。在元代，符合旌表規定的人數太多，以至於不得不幾人一起並旌。與此同時，由於戰亂，元代累世同居的旌表數量，比宋代少得多。

　　宋元旌表的另一個突出特點，就是對「貞婦」的褒獎。此類褒獎最早出現在漢代，由於隋唐五代貞潔觀念淡薄，所以貞潔旌表並不凸顯。魯迅在《我之節烈觀》一文中寫道：「由漢至唐也並沒有鼓吹節烈。直到宋朝，那一班『業儒』才說出餓死事小，失節事大的話」〔註45〕。在《知南康榜文》中，程頤寫道：「嫠婦陳氏，守節不嫁，遂蒙太宗皇帝賜以宸翰（御筆書），寵以官資旌表門閭，……此足見其風俗之美。」〔註46〕由此可見，在宋朝，統治者已經把貞節觀念從上到下完完全全地根植於當時世人的腦中。

　　元代秉承了宋代遺風，重視並旌表貞節女子〔註47〕，對再嫁女子進行強烈譴責，甚至從經濟上加以制裁。《新元史・列女序》中記載：「世祖庵宅中夏，有意於先王之禮教，獨於蒙古夫死再醮或嫁夫之兄弟，則仍其舊俗而不改。然旌列女之門，復節婦之家，有司奉行，史不絕書」。〔註48〕可見，元代特別強調臣下和女子的「守節」，越是要求男人為國盡忠，就越要求女人對男人守節，於是元代出現了一大批節婦烈女，並且通過法律，來保障女子守節。在《大元通志條格》中規定：對於失去丈夫的女子，如果她本人願意守節，不願意再嫁，「其舅姑不得一面改嫁。」〔註49〕即國家尊重女子夫亡守志、自願守節的決定，並且強制保護這一決定，對於逼迫女子改嫁的行為，進行嚴懲。這是對普通民婦的規定。對於官婦，阻止其改嫁的規定就更多了。據《元典章・戶部》記載，元武宗至大四年（1311）規定：對於因丈夫和兒子而得到誥封的女子，如果她的丈夫、兒子不幸去世，她是不可以改嫁的。如果不遵守這個規定，會

〔註45〕魯迅著，墳〔M〕，北京：人民文學出版社，1980 年，頁 114。

〔註46〕郭齊、尹波點校，朱熹集・卷九十九・知南康榜文〔M〕，四川：四川教育出版社，1996 年，頁 5052。

〔註47〕有人認為元代貞潔觀念淡漠，與其收繼婚的現實有關。但是，這並不能認為元朝人對貞節女子就不重視。

〔註48〕柯邵忞、屠寄著，元史二種・新元史（列女序）〔M〕，上海：上海古籍出版社，1989 年，頁 937。

〔註49〕郭成偉點校，大元通志條格・三戶令〔M〕，北京：法律出版社，1999 年，頁 40。

得到懲罰，「即將所受宣敕追奪斷罪，離異。」《元典章・吏部・職官》還記載了元仁宗出臺相關詔令的緣由。即公元 1318 年四月，因為漢臣的建議，皇帝下詔規定：漢人職官的正室夫人如果是改嫁的女子，不許得到誥封。當然，蒙古人是除外的。也就是說，如果某位女子是官婦，那麼，她在得到朝廷誥封以後，不允許再醮，否則官府將強制判離斷罪。〔註50〕

四、鼎盛時期

明清時期，隨著王朝統治的專制性越來越強，旌表制度發展到頂峰。隨後，旌表伴隨著社會教化的發展，慢慢變得僵化。數量龐大的人群，為了遵守節行，取得節婦、孝子的名聲，不惜毀身守志、割肉事親。旌表的支出費用越來越多，成為國家財政的一個負擔，就是獲旌人數越來越多的明證。在這個過程中，地方和中央相輔相成，共同推動旌表制度向前發展。

（一）明代

朱元璋建立明朝後，由於旌表制度的發達，受旌表的女子人數大大增加。朝廷為得到「節烈」「貞烈」旌表的女子們建立「貞節坊」「烈女祠」，還給予她們豐厚的旌賞，並對其獎賞標準進行了分等。

除統治階級的鼓勵外，地方和宗族也對這種行為加以支持。很多明代的家法族規中都專門對守節之婦作了鼓勵與優待的規定。如《餘姚江南徐氏宗範》中就明確規定：對那些「不幸少年喪夫，清苦自持，節行凜然，終身無玷」的宗族女子，族長負有為其請旌的職責。具體而言，一方面要「會眾呈報司府，以聞於朝，旌表其節」；另一方面要做好請旌不成也要傳播名聲的準備，即「徵聘名卿碩儒，傳於譜，以勵獎」〔註51〕。同時，族長有義務幫助守節女子提升其在宗族中的地位。如明朝徐希明纂修的《管溪徐氏宗譜》中規定：「宗中舊譜止載男子，婦人惟存姓氏，然節婦、賢女皆關吾宗風化，有功於內者，今悉示勸」〔註52〕。本來女子是無權力記載於專屬男子的家族宗譜的，但是對於能夠為宗族增添榮耀、利於傳統教化的節婦、烈女、貞女等人，宗譜特別破

〔註50〕郭玉峰，中國古代貞節的結構、演變及其實質〔J〕，天津社會科學（社會史研究），2002 年，（5）。

〔註51〕費成康，中國的家法族規〔M〕，上海：上海社會科學院出版社，1998 年，頁148。

〔註52〕沈津，中國珍惜古籍善本書錄〔M〕，桂林：廣西師範大學出版社，2006 年，頁56。

例，允許記錄。這也是宗族鼓勵節婦烈女出現的一個重要表現。

　　隨著教化的深入，不僅對女子，對男子的守節要求也越來越嚴格。義夫旌表的對象在明代主要指在青壯年時喪妻，之後不再續娶的男子。這表明，明朝開始了對無妻鰥夫這一群體的旌表。

　　與旌表貞節的「興旺」不同，累世同居旌表則顯得不那麼「發達」。明代天順元年（1328）七月十一的朝廷詔令，就規定了除去義夫節婦、孝子順孫以及被同鄉稱讚為「孝友」的人群外，「同居共爨五世以上」的家族經過有司審核，就可以取得旌表。〔註53〕明嘉靖年間，朝廷又再次重申依照舊例進行旌表。這和元代並沒有什麼差別。由於累世同居的家族人口數往往增加快、數量大，很多成員養成了「等、靠、要」的習慣，甚至違背家法聚眾賭博、儲置私產，造成了同族之間的大量矛盾。如明武宗時，山東滕縣的累世同居家族，因為上述緣由，出現了「父子兄弟異釜而炊，分戶而役」的情況。〔註54〕這說明到了明代，累世同居開始面臨巨大挑戰。

　　明代社會教化並不重視對官員的旌表，但是這並不能否認旌表官員的事實的存在。除了賞賜金銀和實物外，明朝統治者還做出賞賜具有卓越貢獻的文臣武將的特殊獎品——免死鐵券。《明實錄》裏關於免死鐵券的來源、形制和功用都有確切地記載：「初製鐵券。時上欲封功臣，議為鐵券以賜之，而未有定制。有言台州民錢允一，吳越忠肅王鏐之裔，家藏唐昭宗所賜鐵券，遂遣使取之。準其式而加損益，其制如瓦，第為七等。公二等，其一高一尺，廣一尺六寸五分……」。另外，明朝還有一種特別受歡迎的官員旌表方式：恩蔭。明初，恩蔭的門檻比較低，後來越來越嚴格，只有三品以上京官，考滿者才能蔭子一人。

（二）清代

　　「貞節」旌表雖然在秦代萌芽，但是，直到清代才形成嚴格的審查程序和旌賞的發放程序。《道光禮部則例》規定：省直孝子、順孫、義夫、節孝、貞烈女子，應旌表者，由該督撫同學政具題，由禮部覆議題准，令地方官給銀三十兩，聽本家建坊，並設位於祠中，地方春秋致祭。從這項規定中，可以看出清代旌表貞節的手續和方法。同時，各地還從諸多方面保障女子守節的順利

〔註53〕皇明詔令・卷十三〔O〕，元明史料叢編12號，臺北：文海出版社，1984年，頁1046。

〔註54〕古今圖書集成・職方典卷・230〔M〕，中華書局影印，1934年，頁9825。

實現。為了避免貞婦列女們的生活陷於困頓，同時為了防止其因為經濟原因而改嫁，在十八世紀的最後的三十年間，江南地區出現了救濟年輕寡婦的恤嫠會與清節堂。這些救助機構有的由官府設置，有的由同鄉會館捐資設立，甚至由地方節婦創立，由官府負責保護，而由地方的附生、監生負責監察。根據其堂規，清節堂等機構主要收養貧苦無依、年在 30 歲以內的青年孀婦，或者未嫁夫亡、立志守節的貞女〔註 55〕。這些組織在積極鼓勵女子堅守貞節的同時，還要代表守節女子向政府申請貞節牌坊。按照清代慣例，凡是婦人年歲在 30以下開始守寡，並為夫守志達到 30 年的，就可以按例得到朝廷旌表。

在清人眼裏，貞節旌表的衍生物，是對兩性行為的限制與約束。因此旌表在側重約束女子的同時，也在束縛著男子的行為。從這個角度出發，「義夫」的準則可以解釋為丈夫必須「依理而行」，必須對自己的行為有所限制，使其在男女情感關係上不可有過分的表現。對鰥夫的旌表在明代就已有零星執行，但並未得到特別的重視。到了清代，義夫旌表出現於王朝成立的立國詔書中。在順治元年的農曆十月，皇帝在皇極門大赦天下，並同時頒布詔書：「……孝子、順孫、義夫、節婦，有司諮訪以聞」。〔註 56〕

與前代相比，清代五世同居的現象比比皆是，於是朝廷就規定對五世同居者不予旌表。因為每次表彰，禮部都要給銀建坊，使國家財政支出增多。所以，皇帝採用權宜之計，開始採用賜詩或御書的方式進行禮旌。如乾隆二十四年（1759），皇帝就以賞賜詩詞的方式旌表陝西乾州百姓寧爾強。在雍正十年（1732）以後，皇帝還經常特賜「世篤仁風」「敦睦可風」「敦本厚俗」「義門敦族」「義睦傳家」「敦睦傳家」「聚順延祺」等御書進行旌表。

在清代，恩蔭這種旌表官員的方式多表現為世襲，但是這種封侯世襲的方式卻不一定比其他旌表方式更受歡迎。例如：康熙朝時，福建提督施琅收復臺灣，詔封靖海侯，子孫世襲，而施琅卻上疏辭侯，懇請皇上賜下花翎。這是因為在外領兵的將軍、提督都還沒有賜給花翎的先例。而康熙帝接到奏疏後，就特旨賜施琅戴花翎，使其得到眾人豔羨。可見，在當時的文武大臣心目中，賞賜花翎比封侯還要榮耀。

〔註 55〕岑大利著，中國歷代鄉紳史話·光緒·江都縣續志·卷十二下〔M〕，瀋陽：瀋陽出版社，2007 年，頁 142。

〔註 56〕那曉凌，明清時期的「義夫」旌表〔D〕，北京：北京大學研究生學誌，2007年，（2）。

表 1　歷代被旌表者數量統計簡表（《孝義傳》《孝感傳》《孝友傳》《節義傳》《列女傳》）

史料〔註 57〕	被旌表的家族	孝行、孝感、孝義、孝友〔註 58〕	烈婦	烈女	節婦	貞女
《後漢書》			3		3	
《晉書》		1	10	2	4	1
《南齊書》	12	8				
《梁書》		3				
《南史》	13	20				
《魏書》	8	9	1		5	1
《北史》	8					
《周書》		5				
《隋書》		10	2		6	2
《舊唐書》	5	4				
《新唐書》	40	13	7	2	12	
《宋史》	54	17	24	7	2	
《遼史》			2			1
《元史》	23	62	111	22	42	2
《明史》	31	40	152	44	46	11
《清史稿》	7	20	344	136	93	29

　　由前述可知，旌表萌芽於先秦，成長於秦漢，歷經魏晉發展起來，完善於隋唐，修補於宋元，到明清時期達到頂峰。它直觀地反映了中國古代社會的道德精神風尚，比較準確地折射出中國古代社會的主流意識形態，是中國古代社會文化與教育的風向標。從周到清，不論朝代如何更迭，不論階層如何變化，個人對旌表的追求幾乎從來沒有消失過，甚至有越來越強的趨勢。對某些人來說，旌表是他們一生的追求，是他們一世的奮鬥動力。由此可見，旌表在中國始終有著肥沃的生長土壤。

　　筆者認為，旌表作為傳統中國的道德獎勵手段，研究者不能夠也不應該

〔註 57〕有言行記錄或故事記載的獲旌者才列入表中。
〔註 58〕《南史》《南齊書》《梁書》有大量重複，《舊唐書》《新唐書》重複 2 人，此處皆分開計算。其他類目也做同樣處理。

將它從中國歷史的背景中剝離出來。研究擁有著數千年發展歷史的旌表，如果脫離開古代中國的政治思想史，脫離開古代中國的教化史，脫離開古代中國的財政史……就只能是刻舟求劍、緣木求魚。

萌芽於先秦的旌表，在誕生之日起，就擁有了「靚麗」「引人注目」等內涵，就注定了它的表現方式是高調且張揚的；秦漢的統治者看到旌表，就像看到一個可愛的孩子，隨意的將它修飾、裝扮，賦予它更多的個性和更多的技能；經過了魏晉南北朝給與的洗禮，旌表在多變的國家情勢下成長起來，內部要素的更替、新型類目的出現，讓旌表漸漸走向成熟；隋唐的穩定帶給旌表一段安寧的成長期，統治者在放任的同時，在旌表身上找到自己喜歡的地方，用鼓勵的方式讓細枝末節長成參天大樹，讓旌表成為百姓心中的「功德林」；而宋元的統治者則更加嚴格，他們用審視甚至是挑剔的眼光，對旌表開始修修剪剪，有時讓旌表變得豐滿，有時卻又讓它變得畸形；經過了一路的反覆與坎坷，旌表終於在明清攀爬到了頂峰，它深得統治者的喜愛，在雍容典雅中透著精打細算，上攀貴族、下接地氣，旌表對社會各階層的教化幾乎是算無遺策，在面面俱到中展示著它的玲瓏心計。

但是，旌表的本質無法脫離開傳統的倫理道德，旌表的命脈依舊掌握在專制統治者的手中，所以，它必將隨著舊社會的崩潰而霧散雲斂，隨著舊中國的覆亡而煙消火滅。它比科舉制度去世的年歲還要晚一些，它比高高在上的帝王更貼近平民的心房，它的消逝徹底抹去國人腦海中對專制王朝的最後一絲記憶。

旌表雖然由官方來實施，但卻與民間親密交融。無論探討哪一個朝代的旌表，都離不開對那個朝代的治理思想、官僚體系、世俗生活的理解與研究。以明清為例，如果不瞭解統治者的治國理念、教化思想，就無法迅速拎出旌表的主線；如果不瞭解明清財政收入，就很難抓住旌表程序變動的脈絡；如果不瞭解物價與人們的收入，就很難理解「免除徭役」「30兩銀子」對百姓的吸引力；如果不瞭解熟人社會的生存規則，就無法理解平民為取得旌表而付出的努力；如果不瞭解明清社會的作息娛樂，就很難對「孝行旌表」「貞節旌表」的代價做出更充分的評價；如果不瞭解民族與階層的差異，明清會典中關於旌表的大段條款就只能帶來空洞乏味的閱讀體驗。

也許，完全不瞭解明清社會的主要方面，完全不好奇明清世俗的生活娛樂，也能把旌表用嚴謹而一絲不苟的語言描述出來。但是，本研究認為，那樣

做只會讓學術變成冷冰冰的文字堆砌，只會讓歷史變成枯燥的故紙堆。最好是從歷史的長河順流而下，最好是站在明清的天空下，最好是瞭解古代百姓生活的方方面面，才會看到旌表最鮮活的那一面，才會觸摸到旌表生長的肥沃土壤，才能在抽絲剝繭中，找到旌表最細微的脈動，描繪出旌表的全景圖來。

第二章　明清旌表的對象類型

　　由上章所述，可知旌表在傳統中國的禮教文化中是有著悠久歷史的。專制時代的統治者認為：移風易俗，首要的就是鼓勵良善。所以，他們對符合傳統道德的孝子、順孫、義夫、節婦、高年長者以及累世同居等皆大加表彰。明清自然也不例外。

一、孝子順孫

　　孝是中國傳統社會提倡的一種美德，作為中國傳統道德中的一個基本範疇，「百行孝為先」在世俗生活中變成「百善孝為先」，體現的正是中華民族對孝道的重視。孝以家庭或家族為中心，要求子女、晚輩在行動中應該遵從父母、長輩等人的命令，以此作為回報養育之恩的方式。這其實是一種穩定的秩序化的倫理關係在家庭中的表現。孝的基本要求就是「順」。

（一）旌「孝」的歷史沿革

　　《孝經‧開宗明義章》云：「夫孝，德之本也，教之所由生也。」「夫孝者，天下之大經也。」〔註1〕可見，孝的觀念幾乎貫穿整個中國歷史，是中國古代統治者調整社會關係的大經大法。國君用孝來治理國家，臣民用孝來立身揚名，孝被推崇為可以貫穿天地的最偉大的常道〔註2〕。因此，旌表孝行，自然而然成為歷朝歷代所重視的教化手段。

〔註1〕王聘珍，大戴禮記解詁〔M〕，北京：中華書局，1993年，頁84。
〔註2〕《禮記‧祭義》中是這樣談孝的：「夫孝，置之而塞乎天地⋯⋯推而放諸北海而準」。孝是貫通古今、放之四海皆準的真理。

1. 孝行旌表發展簡述

中國很早就有對「孝」的表彰，比如傳說中的堯時代，對於「孝慈」和「盡力農桑」的百姓，會給與慰問，並同時「旌別淑慝，表其門閭」。〔註3〕到了先秦，則出現了將孝的思想政治化的言論，如孟子就認為，國君應該以孝治國，「申之以孝悌之義」。〔註4〕《呂氏春秋》中講到孝行時也同樣認為「務本莫貴於孝」。但是由於戰亂等因素，統治者多無暇顧及孝行表彰。

漢朝建立後，社會逐步穩定，開始推行「以孝治天下」。漢代的董仲舒認為：統治者要想很好地統率萬民，就必須重視孝悌，喜好禮義，重視仁廉，輕視財利，然後在上位時要親自起到表率作用，這樣才能達到「萬民聽生善於下矣。」〔註5〕漢朝對孝的重視，首先體現在用人制度上，「初令郡國舉孝廉各一人」。〔註6〕其次，是物質獎勵，「賜三老、孝者帛五匹」。〔註7〕第三，是樹立榜樣，比如對於孝行卓著的大夫江革，朝廷常常派遣「長吏存問」，使得「『巨孝』之稱，行於天下」。〔註8〕總體而言，漢代非常重視對孝的表彰，但是依然沒有上升到旌表的高度，可以說，是旌表孝行的萌芽時期。需要注意的是，正是由於漢朝的統治者通過舉孝廉、設孝經博士等方式大力宣揚孝順，使得之後歷朝歷代的統治者都遵循孝道，倡導「以孝治天下」，從而使「孝」的理念延續千年而不衰。

魏晉南北朝時期，孝得到了統治者的繼續重視與更大力度的提倡。第一個旌表孝行的事例出現在晉朝。《晉書·孝友傳》中記載：「許孜，……孝友恭讓……邑人號其居為孝順里。詔旌表門閭。」與此同時，正史出現「孝義傳」「孝感傳」「孝友傳」和「孝行傳」等類傳，專門記述類似的旌表記錄。第一例對於女子孝行的旌表見於《南史》：「宣城宛陵女子與母同床眠，母為猛獸所取，女啼號隨挈猛獸……獸乃置其母而去。……太守蕭琛表上，詔榜其門閭。」〔註9〕

在這些記錄中，很多對於家族的旌表，雖然提到「孝」，但是沒有對孝行

〔註3〕（周）呂望，六韜·卷一·盈虛〔M〕，北京：中華書局影印叢書集成，1985年，頁3。

〔註4〕（戰國）孟軻，孟子〔M〕，太原：山西古籍出版社，1999年，頁14。

〔註5〕（漢）董仲舒，春秋繁露·為人者天〔M〕，北京：中華書局，1992年，頁320。

〔註6〕二十五史·史記·漢書〔M〕，上海：上海古籍出版社，1986年，頁382。

〔註7〕（東漢）班固，漢書〔M〕，北京：中華書局，1962年，頁279。

〔註8〕（南朝·劉宋）范曄，後漢書·江革傳〔M〕，北京：中華書局，1965年，頁1303。

〔註9〕（唐）李延壽，南史·列傳第六十四〔M〕，北京：中華書局，1975年，頁1843。

的詳細記錄，即使有一兩個突出人物，也主要針對的是家族這個群體。因此，這類旌表被劃入「旌表義門」或「旌表累世同居」的範圍。本節主要探討對於個人孝行的旌表。

在這一時期，朝廷對於孝行的旌表，比較重視的是精神方面的手段。最簡單的也是最基本的方式是「表其門閭」。額外的獎勵手段也就是為獲旌者所居的鄉里改一個名字。物質性的獎勵最多也就是蠲租稅和免徭役。真正的實質性的物質獎勵，筆者只看到一個記錄，即《南史・孝義傳》中對於一個名叫餘其人的旌表，「賜其母穀百斛」。總之，這一時期的正史中，沒有對於個人孝行的另行的物質旌賞。

隋唐兩朝均奉行「以孝治天下」的基本國策。從貴族到平民，旌表於世的孝行、孝子大量出現。這一時期關於旌表孝行的史料，也遠遠比前代豐富。《新唐書・孝友傳》中因孝行受旌而載名於史冊的有 166 人〔註 10〕，還出現了祖孫三代三人並旌的情況〔註 11〕。同時，這一時期還出現了比較豐厚的物質獎勵。但與前代不同，唐以後，由最高統治者，如皇帝、太后等人直接賜旌的人數越來越少。

宋代旌表孝悌的事例也非常多，凡被旌表的人，不僅能得到豐厚的物質獎勵，而且聲名遠揚，「一人篤孝天下尊」。但是，宋代百姓一般不會因為孝行旌表而獲得官職。

元代對旌表孝行也非常重視，正史中有比較詳細的記錄而非僅僅列個名字的，就有 68 人。由於符合旌表的人比較多，這一時期大量出現並旌的情況。並旌數量遠遠高於前代與後面的明清兩代。與此同時，少年兒童被旌表的事例開始出現。如因孝獲旌的郭狗狗 5 歲，李家奴 9 歲。

明代對孝行的旌表也比較重視，但是有詳細事蹟記錄的人數開始下降。正史中明確記錄了因孝行卓著而出現的「夫妻並旌」「母子並獲旌」以及祖孫 4 人都獲得旌表的情況。在旌表時，也有賜予名號的情況出現，如「雙孝之門」「孝烈」等等。

〔註 10〕《新唐書・孝友傳》開篇即列出「事親居喪孝著之行者」153 人，之後能判斷出是因孝受旌表且有籍貫者 13 人，共計 166 人。萬敬儒屬於「累世同居」旌表的代表人物，李知本及其家族的「義門」稱號不是官方旌賜，因此這二人不予計入。

〔註 11〕《新唐書・孝友傳》開篇所列出「事親居喪孝著之行者」的名單中，有「弋陽李營暨子凝孫楚」。

　　清代的孝行旌表更加客觀，沒有出現對感化動物、神鬼靈異等孝行進行旌表的現象。在獎勵方面，清代的統治者不喜歡蠲免徭役與賜名鄉里，但是，依然有「為之祠」「琢石」等成本相對較高的旌表行為。同時，清代出現「六世以孝行旌」的情況。

2. 孝行旌表的人數

　　因孝行而載入史冊的人有很多，但並非都能獲得旌表。即便是在史書中記載的獲得旌表的人，也少有事蹟流傳。唐代以後，隨著孝行旌表的人數越來越多，這種趨勢也越來越明顯。整體而言，因孝行而獲得旌表的人數是逐朝增加的。故而在唐代以後，大量出現並旌的情況。〔註12〕

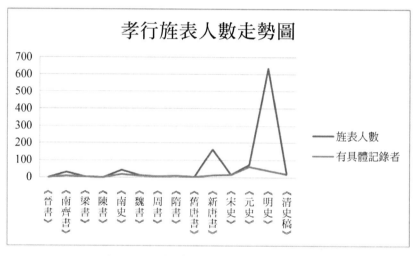

圖 13　歷代孝行旌表人數走勢圖

　　歷代旌表的孝行人數情況，詳見下表：

表 2　歷代旌孝人數表〔註13〕

書　目	旌表人數	有具體記錄者
《晉書》	1	1
《南齊書》	30	8
《梁書》	3	3

〔註12〕詳見表3「歷代孝行旌表名錄」。
〔註13〕數據引自筆者拙作：楊陽，元代旌表的對象及其特點〔J〕，北京：北京教育學院學報，2014年，(8)。

《陳書》	1	1
《南史》〔註14〕	42	20
《魏書》〔註15〕	12	9
《周書》	5	5
《隋書》	10	10
《舊唐書》	4	4
《新唐書》	163	13
《宋史》	17	17
《元史》〔註16〕	75	62
《明史》	634	40
《清史稿》	23	20

　　歷代因孝行獲旌的個人，以及得到孝行並旌的小群體統計如下：

表3　歷代孝行旌表名錄

書　目	被旌表者（列有詳細記錄者）
《晉書》	許孜
《南齊書》	公孫僧遠、韓係伯、華寶、孫淡、薛天生、劉懷胤與弟懷則（兄弟2人）、王文殊
《梁書》	宛陵女子、沈崇傃、甄恬
《陳書》	王知玄
《南史》	賈恩（死後追封）、郭世通、嚴世期、潘綜、張楚、王彭、徐耕、余齊人、王虛之、公孫僧遠、韓係伯、孫淡、華寶、薛天生、劉懷胤與弟懷則、王文殊、甄恬、張景仁、宛陵女子、王知玄
《魏書》	楊引、閻元明、吳悉達、王續生、李顯達、張昇、倉跋、王崇、郭文恭
《周書》	荊可、秦族、榮先亦、皇甫遐、張元
《隋書》	陸彥師、田德懋、楊慶、紐回、紐士雄、劉士俊、翟普林、李德饒、華秋
《舊唐書》	張志寬、元讓、裴敬彝、丁公著

〔註14〕「表列僧遠等二十三人」，也計入旌表人數中。

〔註15〕「刺史以悉達兄弟行著鄉里」，故算2人。

〔註16〕宋、元、清皆「援《唐史》之例，具列姓名於篇端。擇其事蹟尤彰著者，復別為之傳云。」但有些並未說明是否得到旌表，所以，不計入旌表人數中。

《新唐書》	張志寬、支叔才、武弘度、宋思禮、元讓、裴敬彝、梁文貞、李興、許法慎、林攢、陳饒奴、王博武、萬敬儒
《宋史》	黃德興、郭琮、畢贊、陳思道、龐天祐、祁暐、何保之、王光濟、李祚、江白、常真（父子3人）、王洤、李繼成、胡元興、杜誼、姚宗明、楊慶、郭義、苟與齡
《元史》	蕭道壽、郭狗狗、李家奴、管如林、硃天祥、[畢也速答立、尹夢龍、樊淵、賴祿孫]、郭回、孔全、張子夔、陳乞兒、[趙國安、張琛、李庭瑞、移剌伯顏、忕烈歹]、[楊一、張本、張慶、元善]、胡光遠、陳韶孫、李茂、羊仁、[黃覺經、章卿孫、俞全、李鵬飛]、趙一德、王思聰、徹徹、王初應、施合德、王薦、郭全、[劉德、馬押忽、劉居敬]、丁文忠、邵敬祖、[李彥忠、譚景星、郭成、厄鐸]、宗杞、劉廷讓、張旺舅、張思孝、[梁外僧、孫瑾、吳希曾]、張恭、訾汝道、劉琦、胡伴侶、王士弘、曾德、靳昺、黃道賢、魏敬益
《明史》	[張宗魯等589人]、徐允讓夫婦、李茂（祖孫4人）、[沈德四、姚金玉、王德兒]、徐佛保等、謝定住、權謹、趙紳、王俊、劉準、楊敬、石鼎、任鏜、史五常、鄭頠、宋顯章、李豫、容師偓、劉靜、溫鉞（母子2人）、唐儼、[張鈞、張承相、於博、張永安]、王在復、王蒐、向敘、蔡元銳（兄弟2人）、殷士望、王世名、唐治、許恩、馮象臨、孔金（父子2人）、楊通照、通傑
《清史稿》	汪灝（兄弟4人）、吳瑗、[姜應龍、姜世璜、姜文樞、姜超萃、姜懷權、姜杕]、薛文、化禮、鍾保、覺羅色爾岱、李盛山、馮福基、趙萬全、李復新、任騎馬、李應卜、武訓

據筆者分析，很多人孝行卓著而未被旌表的原因，主要有三條：一是得到官位或者赦免罪責，比旌表的「虛名」更重要。如唐初的王君操，為父報仇有孝行，「州司據法處死，列上其狀，太宗特詔原免。」二是因個人原因不願接受徵召或救助。例如隋代的薛濬，「州里賙助，一無所受。」自然也不會接受旌表。三是沒有官員上奏或者名聲未傳入朝廷，比如宋、元兩代，在獲得旌表的人群中，有超過六成的人是因為官員、地方政府和當地非官方人員的舉薦。再比如，南齊的諸暨東洿里屠氏女，也有孝行，但是「縣令於琳之具言郡，太守王敬則不以聞。」最終也未獲得旌表。

3. 孝行旌表的類型

要想在中國古代獲得旌表，治喪守喪的行為最重要。其次是為父母侍疾療疾，然後日常的孝順言行若獲得鄉里好評，也可以得到朝廷旌表。以下是由晉代到清代旌表孝行的統計圖：

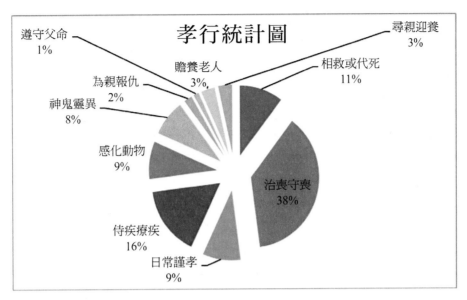

圖 14　歷代旌表孝行統計圖

　　對於不夠客觀的感化動物、神怪靈異等孝行現象，在元代以後，漸不受重視。相救或代父母而死，則在明代尤其突出。詳見下表〔註17〕：

表 4　歷代旌表孝行統計表

書　目	相救代死	治喪守喪	日常謹孝	侍疾療疾	感化動物	神鬼靈異	為親報仇	遵守父命	贍養老人〔註18〕	尋親迎養
《晉書‧孝友傳》		1			1					
《南齊書‧孝義傳》		5	4						1	
《梁書‧孝行傳》	1	2			2					
《陳書‧孝行傳》		1							1	
《南史‧孝義傳》	2	11	3	1	1	2	1	1	1	

〔註17〕此處只為了表明哪種行為更容易獲得旌表。故不按人數，而按行為來統計。
　　　　若某人既有治喪守喪的行為，又有侍疾療疾的孝行，在此表中則被計算兩次。
〔註18〕指非直系親屬。包括伯父、鄉里老者等。

《魏書·孝感傳》		7	1	1	1	1				
《周書·孝義傳》		4	2	1	2	1				
《隋書·孝義傳》		9		4	4					
《舊唐書·孝友傳》		4		2	1					
《新唐書·孝友傳》	1	11		7	5	7		1		
《宋史·孝義傳》		17	3	4	5	4				
《元史·孝友傳》	6	30	6	12	4	4		1	6	8
《明史·孝義傳》	21	9	4	10		6	2			1
《清史稿·孝義傳》		2	4	6		3			2	1
總計	31	113	27	48	26	25	6	4	10	10

此外，有兩種孝行，曾引發了爭議。

一種是刲肉療疾。「唐時陳藏器著《本草拾遺》，謂人肉治羸疾，自是民間以父母疾，多刲股肉而進。」[註19] 這種行為甚至極端到「殺子以祀」[註20] 的地步。同時，在侍疾時，因刲股刲肝等行為而得到旌表的案例也很多。比如宋代的楊慶，「父病，貧不能召醫，乃刲股肉啖之，良已。其後母病不能食，慶取右乳焚之，以灰和藥進焉。」又比如明代的沈德四，「祖母疾，刲股療之愈。已而祖父疾，又刲肝作湯進之，亦愈。」

但是，這些行為從隋代以後，並不怎麼被認同。唐代、明代和清代，都有對這種行為的批判。「父母疾，亨藥餌，以是為孝，未聞毀支體者也。苟不傷義，則聖賢先眾而為之。是不幸因而且死，則毀傷滅絕之罪有歸矣，安可旌

〔註19〕（宋）歐陽修、宋祁，新唐書·列傳第一百二十·孝友〔M〕，北京：中華書局，1975 年，頁 5577。

〔註20〕（清）張廷玉等撰，明史·列傳第一百八十四·孝義一〔M〕，北京：中華書局，1974 年，頁 7593。

其門以表異之？」〔註21〕

　　另一種引發爭議的孝行是替父報仇。《南史》中記載的張景仁比較幸運，報仇後仍得「褒美」，但是清代的李復新就差點上了斷頭臺，「成倫已遇赦減死，復新擅殺，當用殺人律坐罪。」多虧了「縣有老掾復具牘上府」，才得到「孝烈」的旌表。整體而言，這種孝行一般會得到官府的開恩發落。

（二）明清旌「孝」

　　由上述統計數據，可知明清的統治者同樣對旌「孝」非常重視，而其緣由同樣來自於對孝道倫理的重視。

1. 明清重「孝」

　　人們普遍認為，中國古代社會的形式是以宗法政治為內核的。因此，它的格局是一種家國同構的形式。這種形式的實質表明，國家就是家庭的放大。按照《大學》的說法，就是治國必先齊其家。這樣，朝廷通過將一些倫理上的要求延展為政治上的規定，使得家族承擔起了部分國家外延的政治職能和社會職能。

　　因此，明清的統治者、政治家和思想家們在遵行對待人與人之間相處的社會倫理道德時，大多是按嚴格的五倫十際來要求自己和他人。五倫十際就是在處理君臣、父子、兄弟、朋友、夫妻這「十際」時，要明確知道它們的重要性，並按照先王所指引的倫理道德來處理生活事務。拋棄了「十際」就會產生非常可怕的後果。〔註22〕在這五對關係中，古人所理解的父子關係、夫妻關係和兄弟關係都屬於家庭倫理的關係範疇。古人在對待並維護這些關係時，常常以孝、悌、順等的倫理規範給予認定。其中，忠孝常常作為一個整體，被聯繫起來進行闡釋，而悌則是孝的縮小。

　　明朝建立後，太祖朱元璋和前朝皇帝一樣，希望以「孝」為理念來維繫統治。於是，他發布政令，要求百姓必須遵循孝道。他把孝看作是「風化之本」和「古今之通義」。他認為，社會和諧、統治穩定、江山永固的基礎是「君能敬天，臣能忠君，子能孝親」。所以朱元璋親身為百姓做表率，通過制禮作樂，宣揚、灌輸孝順的觀念，獎勵孝順的言行來達到「孝治」的目的。

〔註21〕（宋）歐陽修、宋祁，新唐書・列傳第一百二十・孝友〔M〕，北京：中華書局，1975年，頁5577～5578。

〔註22〕呂不韋，呂氏春秋〔M〕，中華書局，1991年，頁22。

他借助政策制定與獎勵孝子順孫等旌表手段的協同作用，使社會風氣越來越崇尚孝道。因此，《明史‧孝義傳》在開篇就表明了明代旌表孝悌的目的：「勸其至性所激，感天地，動神明，水不能濡，火不能爇，猛獸不能害，山川不能阻，名留天壤，行卓古今，足以扶樹道教，敦厲末俗，綱常由之不泯，氣化賴以維持」。〔註23〕

明朝對孝的重視還體現在以下兩方面：

一是以孝免罪。明朝皇帝對願意代父贖罪的孝子，經常法外開恩，甚至給予免罪的待遇。洪武朝就多次出現這樣的案例，如胡剛、陳圭、周琬等人就因為有「子代父死」的情節，而得以減免罪行。其中最出名的是周琬，他願用死亡來換取父親戍邊的懲罰，得到了明太祖的嘉獎。不僅他自己和他父親的罪行得以赦免，他還得到皇帝御筆親書的屏風「孝子周琬」，居然還得到了給事中的官位。當然，這是因為明初有舉孝入仕的慣例。這也就是明代重孝的另一表現：「以孝為官」。

明太祖時期，舉薦與科舉一樣，是入仕的途徑，而孝順正是百姓被舉薦的標準之一。太祖朱元璋認為：人才很少有十全十美的，如果是寬厚慈祥的人、勤敏通達的人來治理地方、教化百姓、處理政事，自然會有成效。但如果個人才能與職位不匹配，即使國家因這些人而有求賢的名聲，也不能達到實際的治理效果，「於是授職各有差。」〔註24〕因此，洪武朝時，明太祖多次命新授官員推舉賢良、方正、文學、聰明、正直、孝悌、力田以及才幹之士，按五等來錄用。不過隨著科舉考試的成熟運作，舉薦孝悌之人為官的制度就逐漸流於形式。

清人對「孝」的理解則更為深刻。他們認為，對於每一個家庭成員來說，履行孝道是天經地義的。孝是宗族制度、家法族規中的核心內容，是仁之根本。清人在遵循古代的教化禮治的基礎上，闡述了對孝的理解，主要有兩種觀點。一是狹義上的孝，指奉養自己父母的為子之孝；二是廣義的孝，指的是對先人的慎終追遠的祭祀活動，即「率見昭考，以孝以享」〔註25〕。正是基於這種對孝行的解讀，孝成為清代禮教文化中一個必要的組成部分，孝行是通過對已

〔註23〕（清）張廷玉撰，明史‧卷二九六‧孝義傳〔M〕，北京：中華書局，1979年，頁7575。

〔註24〕明太祖實錄‧卷一百三十四〔M〕，臺灣：臺北中央研究院歷史語言研究所校印，1962年，洪武十三年冬十丙戌。

〔註25〕詩經〔M〕，黑龍江：哈爾濱出版社，2004年，頁51。

經逝世的長輩與祖先進行虔誠的祭拜,從而把這種行為慢慢演變成道德準則的規範。此外,傳統中國社會一直存在著一種主觀理念或訴求,即祈望通過祭祀祖先,請求祖先保祐整個宗族的綿延和昌盛。這是一種兼具物質性與精神性的追求。

正是基於上述對孝的理解,明清對孝子、順孫、義孫等的旌表非常重視。

2. 明清旌「孝」的對象

明清與歷代相似,也奉行「以孝治天下」的理念。倡導孝行是官府和官員的職責,旌表孝子順孫是官府與統治者的教化手段。正如《明史·孝義傳》裏所講:孝悌的行為,雖然被認為是天性,但也有賴於教化。在明白了聖賢的教導後,明君要「汲汲以厚人倫、敦行義為正風俗之首務。」〔註26〕可見朝廷下詔旌表,仍是明代最主要的鼓勵孝順子孫的方式。因此,明朝從明太祖時,就開始「詔舉孝悌、力田之士,又令府、州、縣正官以禮遣孝廉士至京師。」〔註27〕就這樣,相關部門去禮部請求旌表的人,每年都有很多,甚至多達幾十個。這個時期,獲得官方旌表的人通常有五個條件,一是事親盡孝,二是萬里尋親,三是聞喪殞命,四是廬墓三年,五是負骨還鄉〔註28〕。因為標準非常嚴格,所以被朝廷下詔旌表的人往往做為明代孝子順孫的典型而載入史冊或地方志。如儒生侯昱,「事母甚謹。受業於東平州學,聞母病即謁告歸省。晝夜侍湯藥,衣不解帶。母歿,廬於墓側。寢苫枕塊,蔬食水飲,旦夕哭奠如初喪日。三年後歸,事聞,詔旌表其門曰孝子侯昱之門。」又如濟寧汶上的馬威,「父病焚香籲天,請以身代,父卒,朝夕號慟,不飲酒食肉,隆冬服單衣,露頂跣足。自負土築墳,廬於墓側,事聞旌其門曰孝行。」除此以外,《明史·孝義傳》還收錄了大量的孝順事例,記錄了大量因孝悌而獲旌的人名、籍貫和事蹟。詳細的孝行統計見下圖:

〔註26〕（清）張廷玉等撰,明史·卷二百九十六·孝義一〔M〕北京:中華書局,1974年,頁7575。

〔註27〕（清）張廷玉等撰,明史·卷二百九十六·孝義一〔M〕北京:中華書局,1974年,頁7576。

〔註28〕（清）張廷玉等撰,明史·卷二百九十六·孝義一〔M〕北京:中華書局,1974年,頁7576。

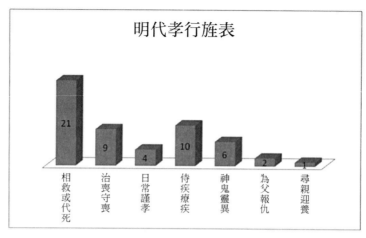

圖 15　明代孝行旌表圖

　　《清史稿・孝義傳》中同樣收錄了清代因孝獲旌者的事蹟。如鍾保，「滿洲鑲黃旗人。……居父喪哀慟，水漿不入口。事母尤謹，歸必侍母側。……雍正二年，舉孝子，賜金，旌其門。」而且，孝子往往會培養出孝子，「奚緝營，字聖輝，江蘇寶山人。父士本，以孝旌。緝營幼讀論語，至『父母之年，不可不知』，輒隕涕簌簌，師奇之，謂真孝子子也。」更典型則是六代孝子：「江蘇華亭姜應龍，應龍子世璜，世璜子文樞，文樞子超萃，超萃子懷權，懷權子栻，六世皆以孝行旌，人尤以為難。」《清史稿》中的旌孝統計詳見下圖。

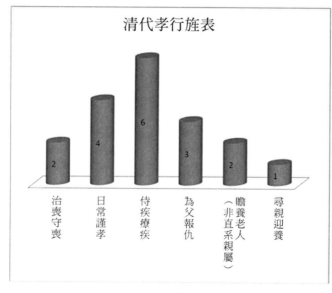

圖 16　清代孝行旌表圖

（三）旌表孝行的弊端

孔子對孝有這樣的界定：「身體髮膚，受之父母，不敢毀傷，孝之始也。」（《孝經·開宗明義章》）他把對自身的愛惜也看作是孝行，並賦予其首要的地位。因此，明清旌表都對極端的孝行不甚認同。明朝在洪武二十七年以後，明確規定了「自殘」行為不被旌表——禮臣議曰：「人子事親，……割股不已，至於割肝，割肝不已，至於殺子。違道傷生，莫此為甚。自今父母有疾，療治罔功，不得已而臥冰割股，亦聽其所為，不在旌表例。」制曰：「可。」

清代在順治九年（1652）就對極端孝行加以禁止，諸如割股、臥冰等傷害自己或容易送命的孝行，為了防止他人傚仿，往往不予以旌表。〔註29〕康熙皇帝也同樣對毀傷自身的孝行旌表加以禁止，但這並不意味著沒有例外。雍正年間，李盛山「母病，割肝以救，傷重，卒。」雖然李盛山最終獲得了旌表，但是清世宗對這種行為極不認同：

> 「朕惟世祖、聖祖臨御萬方，立教明倫，與人為善。而於例慎予旌表者，誠天地好生之盛心，聖人覺世之至道，視人命為至重，不可以愚昧誤戕；念孝道為至弘，不可以毀傷為正。但有司未嘗以聖賢經常之道，與國家愛養之心，明白宣示，是以愚夫愚婦救親而捐軀，殉夫而殞命，往往有之。既有其事，若不予以旌表，無以彰其苦志。故數十年來雖未定例，仍許奏聞，且有邀恩於常格之外者。聖祖哀矜下民之盛心，如是其周詳而委曲也。父母愛子，無所不至，若因己病而致其子割肝割股以充飲饌、和湯藥，縱其子無恙，父母未有不驚憂惻怛慘惕而不安者，況因此而傷生，豈父母所忍聞乎？父母有疾，固人子盡心竭力之時，倘能至誠純孝，必且感天地、動鬼神，不必以驚世駭俗之為，著奇於日用倫常之外。婦人從一之義，醮而不改，乃天下之正道，然烈婦難，節婦尤難。夫亡之後，婦職之當盡者更多，上有翁姑，則當代為奉養。他如修治蘋蘩，經理家業，其事難以悉數，安得以一死畢其責乎？朕今特頒訓諭，有司廣為宣示，俾知孝子節婦，自有常經，倫常之地，皆合中庸，以毋負國家教養矜全之德。倘訓諭之後，仍有不愛軀命，蹈於危亡者，朕

〔註29〕清會典事例·卷四〇三〔M〕，北京：中華書局，1991年，頁501～502。

亦不概加旌表，以成激烈輕生之習也。」〔註30〕

但是，在雍正帝之後的孝行旌表，依然出現輕生的案例。道光十一年（1831），山東歷城縣民女楊氏的母親被她的父親斥罵，之後，楊氏女的母親自盡。楊氏萬分悲傷，以致於「痛母情切，捐軀自盡」。最後，朝廷「照孝子例」對她進行了旌表。

二、累世同居

累世同居在旌表中又被稱為「同居共財」或「義門」。在傳統中國，累世同居的宗族制度或家族制度是符合朝廷所提倡的孝道以及相關道德標準的，所以這種家族制的生活方式一直為傳統社會的統治者所推崇。

（一）累世同居的發展

所謂累世同居之家，或者說義門，是以血緣關係為紐帶，以地域為依託的大家族。「義門同居」在中國傳統的宗族文化中具有特定的涵義。它一般指聚族而居的上百室同族。《詩·周頌·良耜》載：「獲之挃挃……以開百室。」鄭玄箋：「百室，一族也。……百室者，出必共洫間而耕，人必共族中而居，又有祭酺合醵之歡。」〔註31〕朱熹《詩集傳》曰：「百室，一族之人也。五家為比，五比為閭，四閭為族，族人輩作相助，故同時入谷也。」〔註32〕人們之所以願意累世同居，是因為「合族而居之制……內籍此以治理，外資此以自衛；而分工合作之道，亦即寓於其中也。〔註33〕累世同居共財被稱作「義門」。這種同宗同族數代不析產，不分居，以「孝」為核心的世代同居，符合中國傳統的倫理規範和道德標準，所以歷代王朝特別重視對「義門同居」的褒揚，往往旌表門閭、嘉獎閭里。

自漢代以來，歷朝的統治者基本都奉行「以孝治天下」的原則，從「修齊治平」的觀點出發，孝和忠、家事和國事之間被賦予了很強的關聯性。而「義門同居」意味著多代人共處一堂，意味著需要處理父母、兄弟、子侄等各種各樣的實際問題。這點很為統治者所欣賞，統治者認為如果某人能善待父母、兄

〔註30〕趙爾巽等，清史稿·卷四百九十七·列傳二百八十四〔M〕，北京：中華書局，1991 年。

〔註31〕毛詩正義：卷一九〔M〕，上海：上海古籍出版社，1990 年，頁 749。

〔註32〕朱熹，詩集傳：卷八〔M〕，上海：上海古籍出版社，1986 年，頁 160。

〔註33〕呂思勉，中國制度史〔M〕，上海：上海教育出版社，1985 年，頁 227。

弟、姐妹，他也會天然地忠君愛國，如果某人還能善待同宗同族，他就肯定會把同樣的善義之心用來處理國家政事。所以歷代專制王朝都非常重視對累世同居或者說對義門的表彰，甚至對義門中的家族成員賜爵封官，使得「義門」成為各個家庭的榜樣，對整個社會的生活方式和民間風俗產生積極的影響。對於普通的宗族而言，一旦獲得了義門的旌表，該家族在政治、經濟上就能獲得特殊待遇，其社會地位也會有極大提高。

　　按照清代學者趙翼的觀點，累世同居之風起於漢末。但是，對累世同居的旌表最早出現於南北朝。《宋書·孝義傳》載：「元嘉初，西陽董陽五世同財，為鄉邑所美」。這裡沒有記載董陽被旌表之事，只說「五世同財」，但《南史》記載就比較詳細。《南史·孝義傳》載：「元嘉七年，南豫州舉所西陽縣人董陽，三世同居，外無異門，內無異煙。詔榜門曰：篤行董氏之閭，蠲一門租布」。隋唐時期，門閥制度漸趨消亡，累世同居大家族的門庭風範及其社會聲望卻依然隆盛不衰，王朝統治者依然對累世同居大家庭大力旌表。到了宋代，由於有以上幾代大力表彰和大加鼓勵的積累，累世同居已經深入到民間，再加上宋太祖的規定：「祖父母、父母在，子孫不得別財異居」，「有父母在而別籍異財者，論死」。〔註34〕這使得宋代累世同居之風達到了鼎盛。但是由於戰亂，元代累世同居的旌表數量，較之宋代銳減。直至明清，累世同居才又慢慢攀爬至頂峰。詳細情況可見下表〔註35〕：

表 5　歷代旌表累世同居統計表

書目	三世	四世	五世	六世	七世	八世	九世	十世	十一世	十二世	十三世	十四世	十五世	十九世	數世	累世
《南齊書》（孝義）		4	4			2										2
《南史》（孝義）	1	4	4			2										2
《魏書》（孝感、節義）	1	3	1	1	1										1	

〔註34〕二十五史·宋史（上）〔M〕，上海：上海古籍出版社，1986 年，頁 5191。
〔註35〕《南齊書》與《南史》，《舊唐書》與《新唐書》均有重複，此處統計只為展示概況，故未剔除重複的數目。

《北史》（節義）	3	1	1	2								1	
《舊唐書》（孝友）	1	1		1									2
《新唐書》（孝友）	1											35	2
《宋史》（孝義）	4	9	5	7	8		6		1	1	1	1	11
《元史》（孝友）					3		2						18
《明史》（孝義）	1	6	11	8	3		1						2
《清史稿》（孝友）	1		1	3		1		1					

　　由南北朝至清代，正史所記錄的獲得「義門」旌表的大家族或大姓共有196家，其中《魏書》與《北史》、《南齊書》與《南史》以及新、舊《唐書》有重複的記錄。因此，總共實記175家，共計82姓〔註36〕。

　　這些得到累世同居旌表的家族通常具有以下幾個特點：世代長久，人口眾多；同財共居，家法嚴整；血緣相連，獨立成戶。〔註37〕如宋代族德人汪文諒累世同居凡一千三百口，〔註38〕陸九淵先世五代末避亂來到金溪，累世同居「凡十世，將二百年，合奧如故。咸熙間詔旌其門。」〔註39〕需要注意的是，這些被旌表的望族大姓，一般都不是官宦之家，而是閭里庶民，但他們是鄉里民間的「權力精英」，在地方上享有極高的威望。國家通過對這些在地方上已經形成的權力場域的旌表，實際上就是承認大家族擁有地方權力的合法性，進而利用「義門」這一特殊的殊榮，實現對整個社會風俗和生活方式的影響。

〔註36〕黎小龍，義門大家庭的分布與宗族文化的區域特徵〔J〕，歷史研究，1998年，（2）。
〔註37〕宋昌斌，我國的累世同居之家〔J〕，文史知識，1988年，（12），頁80～83。
〔註38〕趙弘恩等監修、黃之雋等編纂，江南通志・卷一六一〔M〕，清文淵閣四庫全書本，1983年，頁623。
〔註39〕謝旻等監修、陶成等編纂，江西通志・卷八〇〔M〕，清文淵閣四庫全書本，1983年，頁741。

（二）明清對累世同居的旌表

明清旌表累世同居基本按照前代王朝的規定來執行，但由於社會經濟的發展，發生了較大的變化。

1. 明代對累世同居的旌表

明初，朝廷援引前代王朝的規定，繼續奉行「祖父母、父母在，不許分財異居」的規定。天順元年（1328），皇帝下詔對民間累世同居五代以上的家族，以及被鄉里稱讚的孝友之人進行旌表。〔註 40〕之後的嘉靖年間，皇帝又重申依據舊例進行旌表。這和元代並沒有太大差別。

明代對累世同居的旌表，多數家族都是以累積五代以上的同居而獲旌的，極個別的是四世同居，如洪武朝時旌表的龍游夏文昭。但夏氏是特例，明代多數家族必須超過五世同居才可獲旌。如《明憲宗實錄》卷三十七記載：明成化二年十二月，「旌表義民何永敬家為義門。永敬，浙江建德縣民，七世同居，家庭無間言，積善仗義，為鄉里所稱」。在被主管官員上報後，何永敬家才被旌表為義門。

與元代相比，明代累世同居的家族是比較多的。《明史・孝義傳》中提到的被旌表為義門的家族主要有以下二十家：五世同居的有石首王宗義，密雲李琚，合肥鄭元，陵川徐梁，安東朱勇；六世同居的有安東蘇勒，潞城韓錦、李昇，永州唐汝賢，慶都黃鐘，定邊衛韓鵬，豐城劉志清；七世同居的有孝感程昂，霸州秦貴，建德何永敬，蒲圻李玘，句容戴睿，饒陽耿寬；八世同居的有宿遷張賓，泰州王玉。〔註41〕

明代對義門的旌表方式中，基本沒有「旌表門閭」「免除賦稅」等方法，但是明代的累世同居總數卻沒有降低趨勢，甚至成為民間的普遍現象，這與過去累世同居多為仕宦名門的情況大相徑庭。由此可以推測，明代的累世同居作為一種特殊的生活方式，已經深入民心。這種生活方式的形成原因大概有三點：一是受崇尚孝道的社會風氣影響；二是受前代旌表義門的影響；三是受歷史背景和當地文化的影響所致。

〔註40〕（明）申時行，大明會典・卷七十九・旌表〔M〕，北京：中華書局萬有文庫本，1988 年，頁 457。

〔註41〕（清）張廷玉等撰，明史・卷二百九十六・孝義〔M〕，北京：中華書局，1974年，頁 7582。

2. 清代對累世同居的旌表

清朝在旌表累世同居時規定：「凡屢世同居和睦無間者，督撫題請旌表，禮部專題。」之後朝廷會給予獲旌家族銀兩來修建牌坊，牌坊題名按例執行。此外，禮部對於御賜給獲旌家族的詩章、匾額、緞匹、銀兩等物，「遵旨發交轉給。」〔註42〕由於清代五世同居的家族數量比較多，所以清代的累世同居獲旌者一般是六世以上還未分家析產的家庭。按常例，五世同居者不予旌表。如乾隆五十四年（1789），直隸永年縣生員喬庚年呈明五世同居，伊父監生文源現年八十五歲，命直隸總督查明諮部酌量旌賞。這個案例就不能看作是具有實質意義的旌表。

雍正二年（1724），黃岡縣的縣民鄧一隆一門八世同居，家族成員超過百人，並且家族和睦，在獲得旌表後，得到朝廷賞銀三十兩用於修建牌坊，並同時得到「八世同居之門」的旌表。這是清代最早的受到累世同居旌表的家族。自此以後，清朝統治者經常為累世同居之家賜下「世篤仁風」「敦本厚俗」「義睦傳家」「聚順延祺」等御書。從雍正十年（1732）開始，獲旌的家族被允許在忠孝節義祠內題碑。

乾隆皇帝在旌表累世同居者時，則更加偏愛榮譽性的表彰方式。從乾隆二十四年（1759）開始到乾隆五十四年（1789），朝廷一共進行了四次旌表。皇帝對陝西平民寧爾強，河南平民任天篤、傅麟瑞，甘肅的在監學生陳舞以及福建有官身的許王臣這五個家族進行旌表時，均採取了親製詩章的賞賜方式。

需要注意的是，《清史稿》中的記載的對累世同居大家庭的旌表，沒有完全包括被旌表的人家。徐揚傑通過對地方志資料的統計分析，指出：「據四川萬縣乾隆四十九年的調查，僅萬縣一地，當時五世同居的就有三十二家。又據《光緒湖南通志》載，光緒初年，在湖南一省，五世以上同居者就有一三六二家。這些都是經過朝廷旌表過的，至於未經旌表的，加上同居四世以下的，自然會更多。」〔註43〕

3. 明清旌表累世同居的特例

相較前代而言，明清的累世同居發生了很多變化。

〔註42〕清會典事例・卷五〇四〔M〕，北京：中華書局，1991年，頁527。
〔註43〕徐揚傑，宋明家族制度史論〔M〕，北京：中華書局，1995年，頁128～129。

　　明代民間最出名的累世同居，當屬以鄭鐮為代表的浦江鄭氏義門，這一家累世同居近三百年。〔註44〕事實上，浦江的鄭氏義門不僅在明代受到旌表，在宋、元兩朝也同樣得到過旌表。不同於一般的義門，鄭氏一家之所以能綿延這麼多代，在於他們擁有可操作性極強的《鄭氏規範》。這份「規範」相當於家法或家規，是鄭氏義門管理家族成員的基本準則。《鄭氏規範》很好地維護了家族秩序，使鄭家的一切事物都井井有條：「家庭中凜如公府，子弟稍有過，頒白者猶鞭之。每遇歲時，大和坐堂上，群從子皆盛衣冠，雁行立左序下，以次進。拜跪奉觴上壽畢，皆肅容拱手，自右趨出，足武相銜，無敢參差者。」〔註45〕

　　明洪武朝時，解縉對於鄭家的《鄭氏家範》極為推崇。洪武二十一年（1388）四月，解縉進呈《大庖西室封事》。他在奏疏中嚮明太祖建議道：「古者善惡，鄉鄰必記。今雖有申明旌善之舉，而無黨庠鄉學之規，互知之法雖嚴，訓告之方未備。臣欲求古人治家之禮，睦鄰之法，若古藍田呂氏之《鄉約》，今義門鄭氏之《家範》，布之天下。世家大族，率先以勸，旌之復之，為民表帥，將見作新於變，至於比屋可封不難矣。」解縉關於《鄭氏規範》的推廣建議，雖然沒有得到明太祖的首肯，但是卻影響到了朝廷大臣和民間大家。

　　明代重臣楊士奇也同樣非常重視義門鄭氏的家規。他在給江西樂平《虞氏家範》作序時，特意探討了家教的重要性，並以《鄭氏規範》為例進行說明：「……二百年來世推浦江鄭氏雍睦之行無異詞者，蓋其感化之有自，防範之有作，不然何以其能行之久而不隳歟！今觀樂平《虞氏家範》，其有聞浦江鄭氏之風而興者歟！」〔註46〕民間對《鄭氏規範》的研讀和引用的例子就更多了。如曹端所著的《家規輯略》中，有二十五條規範，其中的十七條就輯自《鄭氏規範》〔註47〕。又如山西潞安仇氏在正德五年立家範時，用作重要參考的文本之一也是《鄭氏規範》〔註48〕。總之，在家範、家規等家族管理條例的幫助下，明代的累世同居得到了快速的發展。

〔註44〕（清）張廷玉等，明史・列傳一八四・孝義列傳一・卷二九六〔M〕，北京：中華書局，1974 年，頁 7585。
〔註45〕黃溍，文獻集・青梅居士鄭君墓銘〔M〕，臺北：臺灣商務印書館，1986 年。
〔註46〕楊士奇，東里續集・卷十五〔M〕，臺北：臺灣商務印書館，1986 年。
〔註47〕曹端，曹月川先生集・雜著〔M〕，臺北：臺灣商務印書館，1986 年。
〔註48〕呂柟，涇野先生文集・卷二十九〔M〕，濟南：齊魯書社，1997 年。

經歷明朝一代的發展和累積，雖然五世同堂或稱五代同堂也屬於累世同居，但由於符合五世同堂者人數眾多，所以在清代一般沒有單獨的旌表之例。但這並不意味著沒有破例，五代同堂之家能夠得到旌表的，一般有兩種情況。

一是五代同居的家族中，必須有年滿百歲的長壽老人。《清會典》規定：百姓中不論男女，只要年齡達到 100 歲，並且是五世同堂之家的成員，除去按舊例修建牌坊外，經過請旨，可得到十兩銀子、一匹錦緞的賞賜；如果五世同堂的家庭中，沒有百歲老人，則由督撫按照其年歲，賞給匾額、緞匹等物。通常來講，平民中五世同堂、年滿百歲的長壽老年男性，會得到「五世同堂」的匾額；而老年女性一般得到「貞壽之門」的字樣。對於官紳而言，還可以得到更多的獎賞與恩遇。如正黃旗出身的長壽女性索綽絡氏，她在乾隆五年（1740）年滿百歲。與平民通常賞銀三十兩不同，朝廷賞給她六十兩銀子作為建坊之資，同時賜予坊上匾額「貞壽之門」和「五世同居」的字樣。這樣的旌賞超出平民的兩倍以上。不僅如此，朝廷還賜予她御詩一首：「淑範能修四德賢，飲和獨佔萬民先。百齡瑞慶傳都下，五代孫曾繞膝前。天上拜恩沾雨露，人間不老總神仙。更期壽世多黃髮，其樂升平大有年。」〔註 49〕對於朝廷大員的妻子，不僅賞賜加倍，而且旌表的程序也更為慎重。如江蘇按察使宋助毅的妻子陳氏，是其原配夫人。她在道光六年（1826）年滿百歲，同時符合五世同堂的條件，朝廷不僅給與修建牌坊的銀兩，而且又多加賞了三十兩銀子和三匹錦緞。她的坊上匾額是由內閣撰寫草擬，待皇帝欽定後才頒發。

二是官方認定為「祥瑞」的家族，如乾隆五十五年（1790）對莆田縣朱天杜和神池縣韓紹祖的旌表。這二人均沒有達到年滿百歲的條件，但都獲得修建牌坊的旌表。其中，朱天杜九十六歲，五世同堂，有曾孫、玄孫十多人，經由禮部申請，皇帝特賜按百歲來旌表，並為其牌坊賜下「升平人瑞」的字樣。〔註 50〕韓紹祖雖然雖然只有七十一歲，但也是五世同堂，他的兒子韓克茲做了知縣，曾孫、玄孫都繞膝相伴。他被皇帝認為是盛世的嘉兆，所以得到特許建坊的旌表。

（三）累世同居的弊端

累世同居的弊端，基本可等同於「吃大鍋飯」的弊端。事實上，早在宋代人們就已經認識到了累世同居或者說同居共財存在的問題。如宋代夏縣司馬

〔註 49〕皇朝文獻通考・卷七六〔M〕，清文淵閣四庫全書本，1983 年，頁 811～812。
〔註 50〕清會典事例・卷四〇五〔M〕，北京：中華書局，1991 年，頁 536～537。

沂家人口眾多，累世同居。但是上數三代，無人做官，家中十分貧困，以致於到了無法瞻養老人的地步。〔註51〕歷朝歷代在旌賞義門時，常採用「貸衣食」「賜縑帛」的手段，也是累世同居家族常常出現貧困狀況的一個證明。

貧困還是次要的，由貧窮帶來的人際關係的變化，則更讓累世同居的大家族日夜不安。如宋代袁采即認為，「兄弟義居固世之美事」，但是「義居而交爭者，其疾有甚於路人。前日之美事，乃甚不美矣。故兄弟當分，宜早有所定。兄弟相愛，雖異居異財，亦不害為孝義，一有交爭，則孝義何在？」〔註52〕基於「兄弟以不分為義，不若分之以全其義」的考量，為了防止日後的紛爭，宋代以後的分家現象變得普遍起來。例如河南谷氏在分家時說：「汝輩長矣，其各立而家，所以然者，庶他日免閱牆之忿而全其同體之愛也。」〔註53〕商河王氏也在分家時談了自家觀點：「每見人家兄弟往往因貨材忿爭，傷其骨肉之義，吾甚恥，今為汝曹異其產，庶不傷義也。」〔註54〕他們之所以提早分家，可以說正是考慮到了以後可能出現的矛盾與糾紛。正是因為累世同居的種種弊端，所以越到後來就越難以為繼，到明代則變得更為明顯。

由於義門大家族的人口數量眾多，同起居、共飲食，以致於有個別人養成懶惰的習慣。部分人因受同居之累，而生出私心，開始儲私財、置私產，甚至出現同門紛爭、同室操戈的結果。在明武宗時，山東的一些家庭，就因此而開始分家，父子兄弟異釜而炊。這表明到了明代，累世同居出現危機，面臨巨大挑戰。到了清代，在「同財共炊，纖毫無私」的共居原則下，義門家庭成員的生產積極性遭到打擊。這直接導致數代同居的大家庭出現「春夏常乏食」的狀況。雖然家門和睦，但生存狀況和環境非常惡劣。因此，這些家族往往教育子弟不要進入城市，不要傳述時事，要盡力耕種讀書，還要「執百工以佐家」〔註55〕，這正是基於對貧窮生活的現實考慮。

〔註51〕覺羅石麟等監修、儲大文等編纂，山西通志‧卷一四五〔M〕，清文淵閣四庫全書本，1983年，頁100。

〔註52〕袁氏世範‧卷上‧睦親‧兄弟貴相愛〔M〕，天津：天津古籍出版社，1995年，頁26。

〔註53〕李修生主編，全元文‧卷四〇三‧河南谷氏昭先碑銘〔M〕，南京：江蘇古籍出版社，1988年，頁635～636。

〔註54〕劉曉，試論累世同居共財在元代的發展及其特點〔J〕，中國經濟史研究，2001年，頁148。

〔註55〕趙爾巽等，清史稿‧列傳二八六‧孝義三‧卷四九九〔M〕，北京：中華書局，1976年，頁13794。

其實，從生產耕種和經濟發展的角度來看，累世同居是一種很不經濟的生產、生活方式。朝廷之所以對義門或累世同居進行旌表，來自於強化主流意識形態的需要。按照官方倡導的儒家的修身理念，孝道和悌道都是做人的根本，孝悌之人是不大可能犯上作亂的。而累世同居的家庭，正是培養孝悌之人的最好場所。為了「移孝作忠」，維護自身的統治，在某種程度上說，王朝統治者是不得不提倡宗法制，不得不鼓勵民間維持累世同居的家族形式。

三、節婦烈女

節婦烈女是本研究對明清旌表貞節女子的一個統稱。事實上，節婦的含義在某種程度上可以包含烈女。如小竹文夫博士在《清代旌表考》（由任畢庸先生於 1932 年翻譯發表）中的觀點：「廣義之節婦，凡普通所謂節婦之外貞女烈婦亦在內」。〔註56〕但從狹義上說，明清節婦則僅指寡婦守節者。她們均符合古代中國所提倡的貞節道德觀。

「貞節」旌表的情況，一般有四種：一是節婦，即上述夫死不嫁的女子；二是烈婦，指因夫死而殉節的女子，或是因拒奸自盡以及慘遭賊禍而亡的女子；三是貞女，指定婚後因未婚夫亡而守節不嫁的女子；四是烈女，指因未婚夫死而自盡的女子，或是拒奸被殺和遭調戲後自盡的女子。

（一）旌表貞節的發展

先秦文獻中將「貞」與「節」連用最早出現在《易經》的《象》辭中：「節亨，剛柔分而剛得中。苦節不可貞，其道窮也。」在《易經》裏，「節」是世間萬物恪守其本分的一種「位格」，「節」是方法，「貞」是目標。與此同時，《易經》中還對女子的貞節做了論述：「《象》曰：婦人貞吉，從一而終也。」可見，「貞節」是對女子的特殊要求，並由此而引申出了「女子守貞、不得再嫁」的含義。這個意思逐漸被當時的民眾所接受。故此，《史記》中有這樣的論述：「忠臣不事二君，貞女不更二夫。」〔註57〕可見，在漢代以前，貞節觀念就已經在民心中佔據了一定的地位。在春秋時期，楚昭王的夫人守約而死，之後被封

〔註56〕詳見筆者拙作：楊陽，元代旌表的對象及其特點〔J〕，北京教育學院學報，2014 年，（8）。

〔註57〕（漢）司馬遷，史記‧田單列傳二二‧卷八二〔M〕，北京：中華書局，1963年，頁 2457。

為「貞姜」。〔註58〕這可視為先秦女子守貞的一個案例。

　　秦始皇統一天下後，對於女子貞節也比較重視。他在會稽刻石中對「有子而嫁」的情況表達了譴責，並以朝廷的名義對女子守寡的行為進行了表揚。〔註59〕當時，有一個名叫「清」的寡婦。她能守護丈夫留下的產業，並用財產來自我保護，使自己不被侵犯。秦始皇認為她是「貞婦」，並為她修建了懷清臺〔註60〕，以示鼓勵。

　　如果說秦朝用法令來勸勉貞節女子，那麼漢朝則開始用法令來表彰貞節女子。漢宣帝曾經宣詔，賜「帛」給「貞婦」與「順女」〔註61〕。同時，他還下詔，如果母親不是貞節女子，那麼她的兒女可以不為其服喪。這可以說是最早的關於貞節旌表的記錄和相關規定。同時，許多漢代學者開始在其著作中滲透貞節觀念，為女子守貞提供了大量的理論上的依據。例如劉向的《列女傳》就強調女子要從一而終；董仲舒的《春秋繁露》則認為女子從名分上就天然地應該守貞；而班固的《白虎通義》中含有女子必須順從男子的觀念。這些著作與漢代的法令相結合，使得貞節成為女子的一種追求。

　　此後的魏晉南北朝，依然延續漢代的慣例，對貞節女性進行表揚和獎勵。相關記載在史書上隨處可見。如齊明帝在建武元年（494）十一月立皇太子時，特意下詔對道德優秀的臣民進行旌表，並賞給束帛，其中就含有對「節婦」的旌表〔註62〕；北魏宣武帝在延昌二年（514 年）立皇太子時，同樣下詔旌表孝子、順孫等道德模範，並賜予粟帛，其中同樣有對「節婦」的旌表。這是因為當時的人們認為，在女子的德行中，溫柔雖然重要，但是最大的德行是「立節垂名，資於貞烈。」〔註63〕結果，雖然統治者出於增加人口的考量，曾出臺

〔註58〕王照圓，列女傳補注・卷四・貞順傳〔M〕，上海：華東師範大學出版社，2012年，頁 164。

〔註59〕（漢）司馬遷，史記・秦始皇本紀六・卷六〔M〕，北京：中華書局，1963 年，頁 262。

〔註60〕（漢）司馬遷，史記・貨殖列傳六九・卷一二九〔M〕，北京：中華書局，1963年，頁 3260。

〔註61〕（漢）班固，漢書・宣帝紀八・卷八〔M〕，北京：中華書局，1962 年，頁264。

〔註62〕（南梁）蕭子顯，南齊書〔M〕，北京：中華書局，1972 年，頁 86。

〔註63〕（唐）李延壽，北史・列傳七九・列女傳・卷九一〔M〕，北京：中華書局，1974 年，頁 2994。

過要求寡婦改醮的政策〔註64〕，但是傚果卻並不明顯。可見，魏晉南北朝的臣民，對貞節觀念的認同感較之漢代更為加強。對於女子而言，貞節已成為一種自覺自願的追求。如段豐的妻子慕容氏，她在丈夫去世後不願改嫁，即便面對父親的命令，也不遵從。她認為，「忠臣不事二君，貞女不更二夫」，丈夫已死，自己不能追隨也就罷了，怎麼還能改嫁呢？可見，貞節觀念在魏晉南北朝時是非常濃厚的。

但是，在隋、唐、五代，貞節觀念開始發生變化。隨著社會開放程度的增加，人們漸漸對女子改嫁等現象變得習以為常。依據聶崇岐的觀點，帶來這種變化的原因，與當時的風氣有關，是「沾染胡俗，對此固不甚重視也。」〔註65〕如武則天的女兒太平公主就曾為母親推薦男寵。當然，這種「開放」並不是被所有的人都接受的。唐代詩人孟郊寫作的《列女操》，有「貞婦貴殉夫，舍生亦如此。波瀾誓不起，妾心古井水」的句子，就可以表明貞節觀念在社會上依然佔有一定的地位。事實上，當時的法律也對守貞進行了規定。如隋朝就限定女子再嫁，要求九品以上官員的妻子、五品以上官員的侍妾，在丈夫去世後不得改嫁。〔註66〕唐朝的法律也有相應的規定，要求已經嫁人的公主、縣主，如果有了兒女，那麼丈夫去世後不得改嫁；如果沒有兒女，則可以進行彙報，等到宗正批准後，才可以改嫁；如果為了改嫁而謊稱沒有兒女的，一旦被查獲，則由宗正等人商議處分。〔註67〕

整體而言，在宋代以前，儘管朝廷和王朝統治者不斷獎勵貞節、旌表貞婦，並以法律手段來對夫婦和離進行限制，但基本上並不嚴格限制女子再嫁。這種情況在宋代發生了巨大的轉變，特別是「存天理，滅人慾」的理學思想興起後。在程頤、程顥、朱熹等人的大力推崇下，女子守貞漸漸變成一個十分重要的社會問題。這種轉變不是一蹴而就的。如程頤雖然反對女子再嫁，但他的

〔註64〕《北齊書·神武帝紀》載：武定三年（545），曾把芒山俘虜釋放，讓寡婦和他們婚配；天保六年（555），「發寡婦以配軍士」；次年，又發山東寡婦兩千六百多人以配軍士，其中部分人是有丈夫而被奪走的。《周書·武帝紀》載：建德三年（574），曾下詔書，除限定男年十五、女十三即要婚嫁以外，還規定地方官要督促鰥寡者婚嫁。

〔註65〕聶崇岐，女子風俗考·女子再嫁問題之歷史的演變〔M〕，上海：上海文藝出版社，1991年，頁340。

〔註66〕（唐）魏徵、令狐德棻，隋書·帝紀二·高祖下·卷二〔M〕，北京：中華書局，1973年，頁41。

〔註67〕（宋）王溥，唐會要·卷六〔M〕，清文淵閣四庫全書本，1983年，頁52。

外甥女以及他的侄媳婦都曾經再嫁他人，他本人還幫助外甥女進行改嫁。對此，呂思勉認為程頤對女子守貞的主旨是：「自極言律己之當嚴，不重在責婦人之守節。」〔註68〕

但這種情況很快得到改變。理學家們把「貞」的觀念提升到「忠」的高度，認為忠臣因國難而亡，事蹟越慘烈就越能表明他們的忠誠；而女子因夫亡而守貞，行為越奇特就越能表明她們的貞節。因此，朱熹曾給陳師中去信，希望其妹妹不要改嫁，而應守節自持。此後，他還要求官府懲戒不守貞節的女子，並同時要求官員向朝廷彙報影響較大的節烈女子，並對她們進行旌表。

此時，貞節對女子而言，不再是女子對丈夫應有的忠誠，也不再是所謂的高尚女德，而演變成為戕害女子的工具。正如陳東原所說：「自宋人對於貞節的態度加嚴後，夫死守節差不多為個個婦人應盡的義務，甚言之，這種觀念差不多成為人們下意識了。」〔註69〕

由於受到中原禮教的薰陶及理學貞節觀念的影響，蒙古人雖然有侄子娶叔母、嫡子娶庶母的傳統，但在統一中國後，也開始了對貞節女子的旌表。依照《元典章》的記載，元大德八年（1304），朝廷下詔規定：所旌表的節婦，必須是從三十歲以前開始守節，一直守到五十歲以後的女子，她們的事蹟要真實，要由社長等人查明上奏，要各個管理層級準備好詳實的材料，才能「申呈省部，以憑旌表。」〔註70〕大德十一年（1307）五月，皇帝還下詔，對於貞節女子，要「具實以聞」，才能「別加恩賜。」〔註71〕到了至大四年（1311），元武宗對女子貞節做了進一步的規範，要求：出征將士的妻子不得改嫁；獲得誥封的女子在夫死後不得改嫁；對於失節的女子，朝廷將不予封贈。〔註72〕

基於歷代對貞節觀念的宣揚、學者對貞節理念的提倡以及政府對貞節女子的獎勵，到了明清兩代，旌表貞節的數量大幅度上升，甚至於罔顧事實，不求真相，達到迷信的程度。所以，清代學者方苞認為：女子守節而死的情形，在秦代和周代以前，可用手指來記述，從漢代到唐代，也是寥寥無幾，但到了

〔註68〕呂思勉，中國制度史〔M〕，上海：上海教育出版社，1985年，頁359。

〔註69〕陳東原，中國女子生活史〔M〕，北京：商務印書館，1998年，頁7。

〔註70〕元典章〔M〕，北京：中國書店，1990年，頁493。

〔註71〕元典章〔M〕，北京：中國書店，1990年，頁54。

〔註72〕元典章〔M〕，北京：中國書店，1990年，頁195、290、291。

北宋以後，就變成了「悉數之不可更僕矣」。〔註73〕詳情見下表：

表 6　中國古代節婦、烈女統計表〔註74〕

朝　代	節婦（守志）	烈女（殉身）
周	6	7
秦漢	23	19
兩晉南北朝	29	35
隋唐五代	34	29
宋	152	122
元	359	383
明	27141	3688
清	9482	2841

　　從表中可以看出，女子殉夫的數量隨著朝代的發展越來越多。《元史·列女傳》列舉的 187 名女性中，殉夫大約有五十人，幾乎佔了三分之一。到了明代，類似的故事發生的數量達到了頂峰。從上表可以發現：明代載入史冊的節婦（守志女子）總數為元代的 76 倍，烈女（殉身女子）總數是元代的近 10 倍；而清代的節婦（守志女子）總數為元代的近 3 倍，烈女（殉身女子）總數是元代的近 8 倍。

（二）明清的貞節旌表

　　由上述旌表貞節的歷程可知，傳統禮教倡導三綱五常，主張男尊女卑。男子可以三妻四妾，但女子卻要以夫為綱，不論丈夫賢與不肖，都要從一而終。因為「餓死事小，失節事大」的觀念，女子不僅在婚前要保有貞操，而且在婚後還要為夫守節，一旦改嫁便是失節，便會遭到眾人唾罵。越到傳統專制社會末期，這種情況越明顯。

1. 明代對節婦烈女的旌表

　　明朝特別鼓勵殉節，是一個大力推崇傳統禮教的專制朝代。故此，明代統治者在貞節旌表方面非常重視「貞烈」。僅《明史·列女傳》中，就記載了

〔註73〕方苞，望溪先生文集·卷四〔M〕，《四部叢刊》初編集部年，1989 年，頁 24。
〔註74〕數據引自董家遵，中國古代婚姻史研究·歷代節婦烈女的統計〔M〕，廣州：廣東人民出版社，1995 年，清代的數據限於清前期。

260 多個忠孝與節烈的女子。

　　雖然明代沒有禁止女子再嫁的法律規定，對再嫁女子的懲處也往往無法可依，但是，明朝依然出現了大量的節婦、烈女。究其原因，主要有下述三條：一是由於社會主流文化倡導與薰染，以及官方的提倡和地方士紳的宣揚，人們普遍認為再嫁使男女雙方都不光彩，再嫁之女往往得不到鄉鄰的認可；二是「貞節」得到官方的支持，統治者大力旌表節婦、烈女，守節有可能得到旌表這一光宗耀祖的榮譽；三是家族利益的需要，因為得到旌表後，可以免除本家的徭役。基於上述原因，為夫守節成為明代女子的一種內在信念。因此女子普遍以守節為榮，以再嫁為恥。《明實錄》中記載了 10847 名節婦，其中為夫守節者佔了總數的 90%，構成了明代節烈女性的主體。其中的典型是「一門五節婦」，即明太祖時，有高希鳳妻劉氏，希鳳仲弟妻劉氏，希鳳季弟伯顏不花妻郭氏，希鳳從子高塔失丁妻金氏與姑刑氏，一門五婦皆盡節義。故此，朝廷旌表希鳳家為「五節婦之門」。〔註 75〕此外，明朝統治者對貞節旌表的重視，還表現在對已去世的女子的旌表。嘉靖三年（1524），皇帝廢除了明初對過世女子不予旌表的規定，重新制定了已歿者可得旌表的規定。

　　除去官方進行女子守節的教化，使貞節觀念形成強大的精神力量，使女子守節變成自發自願的行為外，明代統治者還通過各種物質旌賞的方式鼓勵女子守節，如建祠堂、樹牌坊等。此外，皇帝還親自下詔對大批節婦、烈女進行旌表。在明洪武二年（1369）正月，當塗縣百姓孫添的母親鄭氏，百姓黎得望的妻子陶氏，都在年青時喪夫，也都堅持守節數十年，經過主管官員向朝廷上奏，她們都獲得了旌表，「詔表其門曰『貞節』，復其家。」〔註 76〕

　　通常來說，被旌表的女子會被賜予「貞節」和「貞烈」兩類字樣：丈夫或未婚夫去世後，自己守節不嫁的女子往往被旌表為「貞節」；而因抵抗侮辱被害，恪守婦道和禮教而自盡以及殉夫的女子按例會被旌表為「貞烈」。除此之外，還有部分貞節女子因孝行卓著，被賜予「孝婦」或「節孝婦」的稱號。

〔註75〕明太祖實錄·卷一四四「洪武十五年夏四月丙午」條〔M〕，臺灣：「中央研究院」史語所校印本，1962 年，頁 2269。

〔註76〕明太祖實錄〔M〕，臺灣：臺北中央研究院歷史語言研究所校印本，1962 年，洪武三年春正月乙巳。

明洪武朝之後的永樂朝、正統朝等時期，每年都頒布旌表節婦烈女的詔令。以正德元年至正德十年這十年為例，依據《明武宗實錄》的記載，在這短短的歷史時期內，統治者就進行了 17 次 180 多例的貞節旌表，其中賜予「貞節」名號的有 82 人，賜予「貞烈」名號的有 98 人。〔註 77〕

需要注意的是，在明代，不一定是獲得官方旌表的節婦、烈女會得到立祠、建坊的待遇，那些影響較大而未得到官方旌表的女子也常會得到民間建祠、立坊的獎勵。為了傳播貞節事蹟卓著的節婦烈女，民間大量修建「節孝祠」「貞節祠」「節烈祠」等祠堂，很多民間的祠堂中都設置了專門的節烈牌位。

2. 清代對節婦烈女的旌表

清朝對於節婦、烈女的旌表，大致上是沿襲了明代的制度。為了表彰臣民中遵守貞節的行為，雍正帝在諭令中說：「朝廷每遇覃恩，詔款內必有旌表孝義貞節之條。」〔註 78〕。可見，在清代推行道德教化的手段中，對於節婦和烈女的旌表是一種重要的方式，它從屬於中國古代的旌表制度之下。

清代貞節旌表之盛的原因，也與明代類似。朝廷和官府通過表彰節婦和烈女，以示對女子從一而終的提倡，表示對遵守婦道的倡導。獲得旌表的女子除去得到修建牌坊的榮譽外，還會得到一些銀兩和米糧。可見，清朝統治者通過精神鼓勵與物質獎勵雙結合的方式，來影響女子的守節觀。

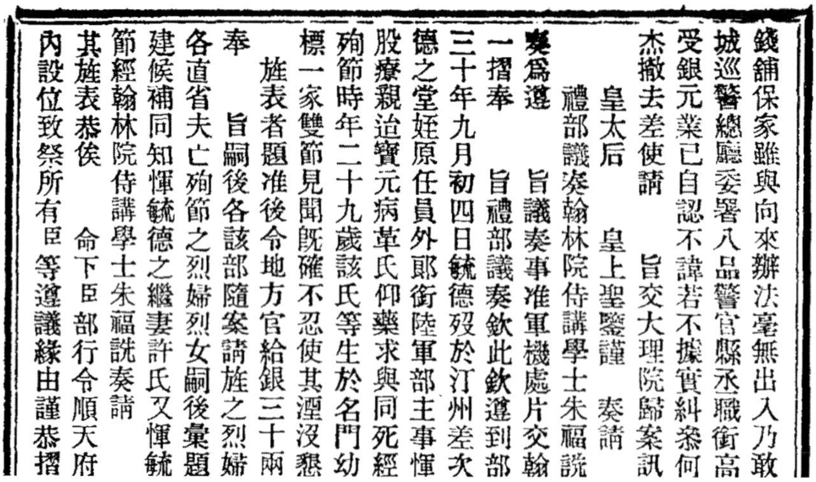
政治官報　摺奏類

錢舖保家雖與向來辦法毫無出入乃敢
城巡警總廳委署八品警官縣丞職銜高
受銀元業已自認不諱若不據實糾叅何
杰撤去差使請　旨交大理院歸案訊
皇太后　皇上聖鑒謹　奏請
禮部議奏翰林院侍講學士朱福詵
奏爲遵　旨議奏事准軍機處片交翰
一摺奉　旨禮部議奏欽此欽遵到部
三十年九月初四日毓德歿於汀州差次
德之堂姪原任員外郎銜陸軍部主事惲
股療親迨寶元病革氏仰藥求與同死經
殉節時年二十九歲該氏等生於名門幼
標一家雙節見聞既確不忍使其湮沒懇
旌表者題准後令地方官給銀三十兩
奉　旨嗣後各該部隨案請旌之烈婦
各直省夫亡殉節之烈婦烈女嗣後彙題
建候補同知惲毓德之繼妻許氏又惲毓
節經翰林院侍講學士朱福詵奏請
其旌表恭俟　命下臣部行令順天府
內設位致祭所有臣等遵議緣由謹恭摺

圖 17　清代邸報：禮部奏惲氏一門節烈旌表摺（局部）

〔註 77〕蔡凌虹，明代節婦烈女旌表初探〔J〕，福建論壇，1990 年，(06)。
〔註 78〕清實錄・世宗憲皇帝實錄・卷四〔M〕，北京：中華書局，1985 年，頁 100。

　　官方給守節女子以無尚榮耀，是導致女子推崇守節的直接原因。在這種情況下，民間甚至出現因丈夫經年外出、杳無音訊而獲得的旌表。如乾隆四十二年（1777）對江蘇劉氏的表彰就是這種旌表。劉氏在兩歲時與程允元訂婚。後來劉氏的父親去世了，她因孤苦無依而流落到天津，但依然守貞不嫁。過了五十多年，程允元來到天津，聽說了劉氏的事情後，才發現是自己曾經訂婚的妻子。這件事被上報後，朝廷給與劉氏銀兩用於修建牌坊，同時賜下「貞義之門」的字樣。〔註79〕

　　此外，除去王朝的統治者，社會各階層人士也參與到了女子的守貞事業中。官員和士紳以及相關慈善組織，對於女子守節的「安節堂」「全節堂」等機構的建立十分熱衷。他們的行為也同樣得到了朝廷的大力支持。朝廷對節婦烈女的倡導力度，甚至達到了對忠臣的提倡力度，這是有其內在的治理邏輯的。這個邏輯鏈條是這樣的：宣傳女子對丈夫忠貞守節——類比激勵大臣對國家忠心盡職——達到家國興旺、海晏河清的教化目的。在這種思維觀念下，極端的守貞行為與極端的盡忠行為被聯繫在一起，「丈夫死國」與「婦人死夫」就被並列為重要的兩種義行。

　　當然，並非所有的清代統治者都贊成對貞節進行旌表。康熙皇帝本人對女子貞節觀念就持有質疑的態度。他對傳統社會道德中的「殉夫」觀念是比較抵制的，認為這是一種非常殘忍的做法。他在康熙二十七年（1688）下諭說：「夫亡從死，前已屢行禁止，近見京城及各省從死者尚多。人命關係重大，死亡亦屬堪憐，修短聽其自然，豈可妄捐軀體。況輕重從死，事屬不經，若復加褒揚，恐益多摧折。夫歿旌表之例應停止。」〔註80〕

　　但即便是皇帝親自下諭，也無法改變世俗社會的貞節觀念。因為這種觀念不僅有道德的教化力量做支撐，而且有生存的經濟條件做基礎。殉夫作為「夫為妻綱」的產物，與當時的婚姻狀況密切相關。女子失去丈夫後，往往會喪失其社會地位，甚至達到難以養活自身的地步。與此同時，由於貞節觀念是當時朝廷所推行的儒家倫理道德的一個重要組成部分，統治者在提倡儒家理念時，也必然無法繞開貞節觀念。所以，康熙皇帝在發表上述言論後，又補充說：「如有必欲身殉者，赴部及該管官司陳訴，俟奏聞定奪。」這種態度直接反映在康

〔註79〕清會典事例・卷四〇三〔M〕，北京：中華書局，1991年，頁512。
〔註80〕清實錄・三冊・清世祖實錄・卷一百三十七〔M〕，北京：中華書局影印本，1985年，頁21。

熙皇帝的詔令中。在康熙二十七年（1688）以前，皇帝的詔令依然沿襲舊例。如康熙十一年（1672）發布詔令：對於因拒絕侮辱而被害身亡的女子，按照節婦的常例進行旌表，地方官要賜予白銀三十兩，以供其家修建牌坊。在康熙二十七年（1688）以後，雖然皇帝發布了「夫歿旌表之例應停止」〔註81〕的詔令，但貞節旌表的情況仍然沒有變化。如康熙五十二年（1713）皇帝復准：百姓中的訂婚女子，聽到未婚夫去世的消息後，依然堅持守節，並為之絕食自盡的人，可「照例旌表」。〔註82〕

圖18　收藏家徐新藏清代「節孝」牌匾

　　康熙朝對貞節旌表處理的矛盾態度，在旌表節烈時的搖擺作風，最少延續了120年。直到雍正六年（1728）才發生改變。當時，雍正帝在諭旨中規定：因不愛惜身體與生命，而導致危亡的人，一概不予旌表。此後，他又在雍正十三年（1735）再一次強調：對於烈婦們不重視生命輕易求死的行為，康熙皇帝當年就曾下旨禁止；在雍正六年，朝廷同樣下旨禁止類似的行為，但是仍然有為貞節求死的女子。從今往後，對於那些「不顧軀命，輕生從死」

〔註81〕清實錄・三冊・清世祖實錄・卷一百三十七〔M〕，北京：中華書局影印本，
　　　　1985年，頁21。
〔註82〕（清）崑岡等修，劉啟端等纂，欽定大清會典事例・卷四○三（據清光緒石
　　　　印本影印）〔G〕，《續修四庫全書》編纂委員會，續修四庫全書・史部804冊
　　　　〔M〕，上海：上海古籍出版社，1995年。

的女子,「概不予旌表。」〔註83〕但是,這個禁令很快被打破。乾隆元年(1736),順天府尹以未婚之女殉夫,題請旌表,經禮部定議:節烈輕生事在奉旨禁止之後,不便准旌表具題。但是,乾隆皇帝得知後,給出的處理是:「著加恩旌表」。這之後,道光朝發生了同樣的情況。道光元年(1821),山東濟寧州的平民女子王于氏,因為過於傷心丈夫的去世,便決意投繯自盡。王于氏的事情同樣發生在「奉旨禁止之後」,當有關官員請旨「可否旌表」時,皇帝做出同樣的處理:「著加恩旌表」。等到了咸豐朝以後,這些極端的貞節行為,就變成一概予以旌表了。

在咸豐元年(1851),朝廷下令:如今事後追思,很多貞烈女子以身殉夫,捨生取義,終究是一般人難以做到的。各省年終上奏的可以旌表的女子,不過二三十人,數量很少,不一定會引發輕生的潮流,如果對貞烈的女子予以旌表,也可以激勵風俗、鼓勵綱常。上年禮部所彙總的各省因夫亡而殉節的女子有三十七人,仍舊全部給予旌表,「以慰貞魂。」〔註84〕從此,各省上報的因殉夫而死的烈婦、烈女都被允許得到旌表。

(三)旌表節婦烈女的弊端

中國古代女子的生存,往往依靠的是男子,她們多數沒有獨立自主的經濟條件,自然也無法在不依存他人的情況下生活下去。在成婚以前,她們依靠的是父親和兄長;在結婚以後,她們依賴的是丈夫和兒子。如果丈夫去世,女子的生活和生存往往會面臨巨大的困難。而統治階層對貞節的提倡,社會對改嫁女子的歧視,以及女子自身的守節觀念,都會使寡婦的生活落入無所依靠的境地。「保節局」「清節堂」「立貞堂」「貞節堂」等救濟組織的出現就是證明。

在生存都無法保障的情況下,再追求旌表,無異於畫餅充饑。因此,地方官為此組織創立了「清節堂」等救助機構。到了光緒十九年(1893)九月,由於禮部批准了御史何福堃關於各省舉辦「恤嫠局」「清節堂」的奏摺,〔註85〕京城開始出現了京師恤嫠會,而各省也同時成立了大量的「恤嫠局」和「清節堂」。

但是,這種救濟行為往往是臨時性的,很多的平民女子也很難得到朝廷

〔註83〕清會典事例・卷四〇三〔M〕,北京:中華書局,1991 年,頁 507。
〔註84〕清會典事例・卷四〇四〔M〕,北京:中華書局,1991 年,頁 522。
〔註85〕清實錄・德宗景皇帝實錄・卷二七四〔M〕,北京:中華書局,1987 年,頁 664。

的重視。一個不容忽視的事實是：針對數量龐大的守節女子，救濟組織的數量顯得極少。在這種情況下，沒有生存來源、沒有兒子可以依靠的女子，常常選擇極端的形式殉夫自盡。她們認為，這樣做，不僅可以結束生活的苦難，而且為自己和家族都帶來了美名。

事實上，年輕女子守節，一般有兩種情況，一是接受了傳統道德教育，深受貞節觀念的影響，自願遵行貞節；二是身不由己，因形勢所迫而不得不守節。有些家族為了得到牌坊或匾額，提升自家的地位，甚至逼迫不願守節的女子守寡或殉夫。清人俞正燮的詩就反映了當時福建地區的這種狀況：「閩風生女半不舉，長大期之作烈女。婿死無端女亦亡，鶴酒在尊繩在梁。女兒貪死奈逼迫，斷腸幽怨在胸臆。族人歡笑女兒死，請旌藉以傳姓氏。三丈華表朝樹門，夜聞新鬼求返魂。」〔註86〕

除了物質生活的艱辛窘迫與被虛榮族人的逼迫威脅外，身心煎熬和靈肉矛盾也給守節女子帶來極大的苦痛，尤其是年少就守寡的女子。《清史稿》中記載的董氏的故事，就能表明這一點。臨清人董氏是胡源渤的妻子。她從十五歲開始守節，直到九十五歲去世，共守節八十年。鄉里的女子就詢問她：「守節容易嗎？」她回答說：「容易」。那人又問她說：「沒有丈夫是一種什麼樣的狀況呢？」董氏回答說：「就像沒有出嫁那樣。」那人接著問道：「沒有兒子是一種什麼樣的狀況呢？」董氏繼續回答說：「就當我有個不孝的兒子先我而去了。」那人繼續詢問：「怎樣才能擁有你這樣的心態呢？」董氏回答說：「餓了就吃，困了就睡。如果不餓也不累，一定會生出事端。所以不要閒坐著嬉戲。我曾經被人雇傭，如果做女紅，就一定追求工藝完美；追求工藝完美，就用心專一；用心專一就用力較多；用力較多就容易疲倦。疲倦就睡，醒來就起，不讓一息的工夫是閑暇的，久而久之，就習慣了。」〔註87〕

上述的痛苦與折磨，守節的女子最能體會，也最知其中之苦。若人生有第二次，她們未必會做出同樣的選擇。清人沈起鳳在其所著的《諧鐸》一書中，記錄了一則《節婦死時箴》的故事，就能表明這樣的態度：話說，荊溪有位女子，十七歲時嫁給了仕宦之族出身的男子。沒想到未及半年就失去了丈夫，僅留下一個遺腹子。女子撫育兒子，守節不嫁，一直到了八十多歲，

〔註86〕俞正燮，癸巳類稿・卷一三〔M〕，遼寧：遼寧教育出版社，2001年，頁441。
〔註87〕趙爾巽等，清史稿・列女傳二・列傳二九六・卷五〇九〔M〕，北京：中華書局，1976年，頁14068。

因守寡而成為了人人讚譽的老太太。在臨終時，面對林立的孫子和重孫子，她召喚了孫輩和曾孫輩的媳婦們，環視了眾人一圈，企口而言：「我有一句話，你們聽好了」。大家都稱諾敬聽。老太太就說：「你們既然做了我家的媳婦，如果能夠百年偕老，自然是家門之福；如果不幸青年守寡，就自己考慮一下，能守節就守節，不能守節就上告尊長，自行改嫁吧。這是一件大方便的事情。」眾人都吃驚不已，以為老太太因昏聵而胡亂給子孫下令。老太太就笑了笑：「你們以為我是胡說嗎？其實，守寡之苦，苦不堪言。我是過來人，請你們聽我講講往事。」於是，眾人皆肅容聽命。

只聽老太太講道：「我守節時，才剛到十八歲。因出生在名門，又嫁入仕宦大族，腹中還有自己的骨肉，就不敢有改嫁的念頭。但是，晨風夜雨、孤燈冷壁，令人難以忍受。我的公公有個表外甥，從姑蘇來訪，在外館住了下來。我在屏後看見了他的容貌，不自覺地動了心。到了夜間，等到公婆熟睡了，就想去會見這位男子。移燈出戶後，反思自己，覺得很羞愧，就返了回來。然而心猿意馬，難以自制，就再次移燈而出，結果又是長歎而歸。就這樣，我反覆了幾次，最後下定決心，去投奔這個男子。誰知，忽聽得灶下的奴婢在喃喃私語。於是，我就趕緊回房，把燈擱在桌上，因困倦而睡了過去。在夢中，我已然走進了外館，那男子正在燈下讀書。我們相見後，各道了鍾情，就攜手進入帷帳。誰知，一個蓬頭垢面的人正坐在帳中。看到我倆，就拍枕大哭。我一看，正是故去的丈夫，就大喊而醒。當時，桌上的燈火青碧熒熒，譙樓的更聲正交三鼓，我的兒子也因索乳而在被中啼哭。」

老太太頓了頓，繼續講道：「一開始，我感到駭怕；接著，感到悲傷；之後，覺得後悔不已。自此洗心革面，開始做良家節婦。如果我在灶下不遇人聲，在帳中沒有噩夢，能夠保持一生潔白、不給亡者帶來羞辱嗎？我因此而知守寡之難，所以不勉強媳婦們強自守節。」之後，老太太命兒子把她說的話作為家法記錄下來，然後含笑而逝。她的後人宗支繁衍，代代都有節婦。期間雖然也有改嫁的女子，但是百餘年來，閨門清白，從來沒有苟且之事。〔註88〕

沈起鳳在這個故事中，用生動的文字把年輕女子守節的孤苦、無奈、矛盾的心理描繪得極其形象與深刻。青燈下的壓抑與苦悶，他人雖難以百分百

〔註88〕沈起鳳，諧鐸·卷九·筆記小說大觀·二編十冊〔M〕，臺北：新興書局有限公司，1975 年，頁 6020～6021。

體會，但也會為之而感到悲哀。清人袁枚就對受到旌表貞節之苦的女子很是同情。他在《祭妹文》中對貞節觀表達了強烈的控訴：「使汝不讀詩書，或未必堅貞若是。」〔註89〕正是因為如此，魯迅才在《我之節烈觀》中指出貞節旌表原因：正是因為節烈很難、很苦，而男子都知道守節很難、很苦，所以才要對節烈進行旌表。〔註90〕

四、其他旌表對象

明清的旌表史料中雖然對於節婦烈女的記載相當多，給人的印象似乎是除去旌表孝行和累世同居外，旌表的對象更多面對的是女子，旌表的行為更多針對的是貞節。而事實上，旌表所包含的範圍相當廣泛，除去貞節，還有孝義、孝友、孝悌、忠義、忠烈、義行、善行、一胎多育等。此外，軍功、戰功等也在旌表之列，但是統治者在化育萬民時，更加注重的是貞節、孝順等與百姓密切相關的表彰。而從社會教化的角度出發，軍功爵祿對基層百姓的影響並不很大。因此，本研究對軍功勳勞的旌表只做簡述。

（一）長壽老人

對長壽老人的旌表，源自敬老和養老的傳統美德。中國歷代統治者都非常重視長壽老人，經常頒布各種政策，優待老人、禮敬老人，讓老人能夠安享晚年。

秦漢時期，朝廷設立三老，用以穩定鄉里秩序，預備諮詢政務。官府還定期給孤獨老人分發糧食和布帛，並賞賜給老人酒肉，在災荒之年為老人免費提供粥食。此外，為了讓老人得到照顧，甚至赦免家中有老人的罪犯。魏晉南北朝時，統治者會增加高年官員的俸祿，免除年八十歲老人一個兒子的徭役，赦免七十歲以上的犯人的處罰。北魏孝文帝還曾舉行群叟宴，邀請年滿七十歲的老人參加宴席。隋煬帝不僅給長壽老人賜下官職，而且經常宴請高年里老。唐代的統治者也常賞賜糧食和布帛給長壽老人。宋代對高齡老者也常常給與物質上的獎賞，並用各種方式加以旌顯。《宋史‧郎簡傳》較早記載了旌表高齡老人的事例：郎簡為官有績，致仕後施醫捨藥救人，89歲無疾而終，「朝廷榜

〔註89〕（清）袁枚，小倉山房文集‧祭妹文〔M〕，南京：江蘇古籍出版社，1993年，頁229。

〔註90〕魯迅，魯迅全集‧一卷‧我之節烈觀〔M〕，北京：人民文學出版社，1981年，頁123。

其里門曰德壽坊」。〔註91〕元代正史中雖然能見到帝王「禮高年」「賜高年帛」的事件記述，並且沒有對具體人物詳細事例的記錄，但是元朝統治者明確規定了對於八十歲以上的老者，如果是蒙古人，就賜予二匹繒帛，如果是其他州縣的平民，就賜給「高年耆德」的名號，並免去其家的雜役。之後的明清統治者也都非常關注敬老、養老問題，他們制定了諸多與老人相關的政策，使善待老人成為社會風尚。

1. 明代對長壽老人的旌表

明朝對長壽老人非常重視，具體有如下表現：

一是官方給予屋舍、衣食贍養孤寡老人。《大明會典》中規定：對於鰥寡孤獨以及確實有殘疾的老人，還有貧窮無依、無法養活自己的老人，應該收養而不履行收養職責的官員，處以六十杖的懲罰。如果應該給與的糧食和布帛，被某些官吏剋扣縮減，則這些貪官會按監守自盜罪來懲處。〔註92〕可見收養、贍養孤老，在明代成為官方的應盡職責。

二是為高年長者授官。明洪武二十三年（1390），朝廷選拔高年長者中有才有德、熟知典故的人，賜予他們官職〔註93〕。其中，朝廷把 60 歲到 70 歲的老人安排在翰林院，在地方則設置里老。利用老人的生產經驗，讓老人參加農桑水利等事宜的指導建設工作；利用老人的生活經驗，讓他們負責調節鄉里紛爭等風教建設工作；利用老人的威望信譽，讓老人展開教化，教導鄉民，參與民間的教育工作。

三是賞賜長壽老人財物。由於傳統社會的生產力較為低下，許多老人生活比較貧困。朝廷就定期定量為長壽老人發送米糧和布帛，對他們進行物質上的優撫。明朝制定了給與老人國家保障的政策，對長壽老人的旌賞次數也比較穩定。可見，明代在這方面做得比前代要好。明代對老人政策性補貼是從洪武十九年（1836）開始的。按照皇帝的指示，朝廷對長壽老人進行了分類優撫〔註94〕。

〔註91〕（元）脫脫等撰，宋史・卷二百九十九・郎簡傳〔M〕，北京：中華書局，1977年，頁 9927。

〔註92〕（明）申時行，大明會典・卷一百六十三・戶役〔M〕，北京：中華書局萬有文庫本，1988 年，頁 838。

〔註93〕明太祖實錄・卷二百〇二〔M〕，臺灣：臺北中央研究院歷史語言研究所校印，1962 年，洪武二十三年五月庚寅。

〔註94〕明太祖實錄・卷一百七十八〔M〕，臺灣：臺北中央研究院歷史語言研究所校印，1962 年，洪武十九年五月甲辰。

表 7 明代優撫長壽老人賞賜表

優撫條件	年齡條件	優撫賞賜
貧窮無產業	80 歲以上	每年 60 斗米、60 斤肉、36 斗酒
	90 歲以上	每年 60 斗米、60 斤肉、36 斗酒、1 匹帛、1 斤絮
有田能自給	80 歲以上	給與酒、肉、絮、帛（數量酌情來定）

　　四是推廣鄉飲酒禮。明洪武二年（1369），朝廷開始恢復古老的鄉飲酒禮。鄉飲酒禮是一種重要的民間活動，按照《禮記》的說法，其目的是「明長幼之序」，自然含有禮敬高年的意味。洪武五年（1372），禮部下令，要求學官等相關官員以一百戶人家為基本單位，每年舉行鄉飲酒禮。同時禮部改定了傳統的鄉飲酒禮的儀式圖式，並規定參與人的資格：一是高壽，二是品行優秀、卓有聲譽。因此，能夠參加鄉飲酒禮的老人，皆被認為是當地的道德典範，他們因此而獲得了更大的聲望。事實上，鄉飲酒禮已經具有了旌表的性質。

　　當然，提高老年人地位的最好的方式，或者說民間最認同的方式，還是通過旌表高年來授予庶民中的長壽老人以國家級的榮譽。對老人的旌表主要包括賜爵位、給與冠帶和建表立坊等方式。其中，比較常見的是給與冠帶。明天順二年（1458），朝廷規定給與民間男子年滿百歲的人頭冠腰帶，「以榮終身」〔註 95〕。在這個時期，授予冠帶的最低年齡是八十歲。到了成化年間，朝廷規定對於老人中年齡超過六十歲的孝子順孫、義夫節婦也可旌賞冠帶。百歲老人還要賜給里仁冠、黑角帶、圓領衫。到了弘治年間，福建前任知府林春澤年滿百歲，官府為他修建了一座「百歲坊」。這是因為明代的統治者把高年長者看做「人瑞」，與多頭的靈芝、騰雲的麒麟等，都屬於祥瑞。所以，老人可以得到修建牌坊的旌賞。當然，相比於冠帶、圓領衫等賞賜，建坊無疑是最為榮耀的一種方式。

　　正是由於明代統治者推行了一系列的養老敬老舉措，明代的許多老人才能得到保障、安享晚年，明代才能有諸多的高壽老人可以旌表，明代的統治者才能更好地樹立愛民養民的形象，明代皇帝的統治才能得到年長百姓的認同，明代的基層社會的矛盾與動盪才得到了一定程度的緩解。

2. 清代對長壽老人的旌表

　　清代對高年老者也非常禮敬，朝廷常為百歲老人設置千叟宴、賜壽大典，

〔註95〕劉海年、楊一凡，中國珍稀法律典籍集成〔M〕，北京：科學出版社，1994 年。

優賞老年官員及老年百姓。在社會教化方面最典型的事例是：被譽為「萬古未有之舉」的千叟宴。按照《聖祖仁皇帝實錄》的記載，在康熙十年（1671），皇帝拜謁皇陵後在盛京舉辦千叟宴。在清寧宮大清門，朝廷設置了華麗莊嚴的儀仗，並配之以典雅悠揚的音樂。康熙皇帝詔令盛京的各級官員以及隨行的官員，還有看守皇陵的各級官員，特別是年老退休的都統、副都統及其他官員來參加千叟宴。在宴席上，皇帝把八十歲以上的高壽老人召至面前，為其賜酒。之後，又把傷病退伍的軍人以及閒散平民四百多人召至御前，賜給他們銀兩。〔註96〕這種行為，極大地帶動了尊老、敬老的風氣。

　　此外，由於統治者把高壽老人看成是社會太平昌明的象徵，清代對老人的旌表就更加重視了。這一點，乾隆帝的諭旨表現得非常清楚。他認為，每年由各省上報的高壽男女，年齡達到百歲或者超過百歲的人越來越多，是國家政治清明、國運昌隆的原因，所以是「升平人瑞，實應昌期。」〔註97〕需要注意的是，並非所有的老人都能得到旌表。康熙九年（1670）朝廷在詔令中要求：有誥封的女子守節到100歲的，經過請旌，可給與「貞壽之門」的匾額和用於修建牌坊的白銀三十兩。〔註98〕這表明，旌表長壽女性的對象，在清初並沒有普及到平民百姓，而是侷限於寡居的官家夫人。到了康熙四十二年（1703），新的詔令規定：年紀達到百歲的老年男子，除卻給與銀兩，任其建坊外，還賜給「升平人瑞」字樣的匾額；年紀達到百歲的平民女子，修建牌坊懸掛匾額的規格與有誥封的女子相同。可見，直到此時，對老人的旌表才開始拓展至普通大眾。

　　在政策的不斷鼓勵下，高齡老人開始不斷出現。在雍正四年（1724），甚至出現了118歲高壽的長者蕭俊德。但是，當時沒有對如此高壽老人的賞賜先例。於是朝廷酌情，在按舊例給與建坊銀兩後，又額外加賞了六十兩白銀。此後，朝廷開始對超過百歲的老人進行加倍旌賞，並規定：對於年齡達到一百一十歲的給與常例的兩倍賞賜；年齡達到一百二十歲的給與常例的三倍賞賜；「更有多得壽算者，按其壽算加增，著為定例。」〔註99〕政策的變化，反映了高壽老者不斷增加的社會現實。

　　對於長壽老人的旌表，其請旌程序是非常嚴格的。通常而言，依據被請

〔註96〕清實錄‧聖祖仁皇帝實錄‧卷三六〔M〕，北京：中華書局，1985年，頁194～249。

〔註97〕清會典事例‧卷四〇五〔M〕，北京：中華書局，1991年，頁531。

〔註98〕清會典事例‧卷四〇五〔M〕，北京：中華書局，1991年，頁530。

〔註99〕清會典事例‧卷四〇五〔M〕，北京：中華書局，1991年，頁530。

旌人的地位的不同，有不同的程序。對於皇親貴族而言，由宗人府為其請旌；
對於八旗滿人來說，由都統為其請旌；對於普通百姓來說，由督撫為其請旌。

由《清會典事例》的記載可知，清代對長壽老人的旌表，存在三種特例。

一是「雙旌」，即夫婦同樣高壽或兄弟同滿百歲，朝廷會為二人合建一座
牌坊，給長壽夫妻賜下「期頤偕老」的字樣，給長壽兄弟「熙朝雙瑞」的字樣。
「雙旌」實例最早見於見於乾隆二十六年（1761）。特例出現於乾隆四十九年
（1784），當時靈邱縣百姓劉啟 96 歲，其妻王氏 102 歲，夫妻和睦，子孫滿堂，
是當地的道德楷模。但是，由於劉啟的年紀沒有達到 100 歲，所以相關官員特
意上奏皇帝：可否「懇恩雙旌？」經乾隆帝特旨，最終允許旌表。

表 8　清代「雙旌」實例表

時　間	地　點	人　物	旌　賞
乾隆二十六年（1761）	廣東南海	楊能啟夫婦	「欽定建坊」字樣、白銀 20 兩、錦緞 2 匹、御賜詩章
乾隆二十七年（1762）	山東章邱	王欣然、王瑞然兄弟	「熙朝雙瑞」匾額、白銀 10 兩、錦緞 1 匹
乾隆三十五年（1770）	安徽太湖	朱憲章夫婦	白銀 20 兩、錦緞 2 匹
乾隆四十五年（1780）	安徽亳州	陳洪如夫婦	白銀 20 兩、錦緞 2 匹
乾隆四十九年（1784）	山西靈邱	劉啟夫婦	白銀 20 兩、錦緞 2 匹
乾隆五十五年（1790）	山東清平	張玫、張布兄弟	白銀 10 兩、錦緞 1 匹
光緒九年（1883）	奉天承德	欒宗榮、欒宗仁兄弟	白銀 10 兩、錦緞 1 匹
光緒十二年（1886）	廣東香山	彭藻文夫婦	白銀 20 兩、錦緞 2 匹

二是旌表「化外之民」。清朝統治者對雲南、新疆等少數民族地區的長壽
老人也進行旌表。如雲南平民王國炎在乾隆五十年（1785）年滿一百零三歲，
除去得到皇帝的御書「南弧垂彩」外，還得到白銀 10 兩、錦緞 1 匹。新疆伊
犁布魯特畢班璧特的母親在乾隆五十三年（1788）年滿一百零六歲，經過將軍
保寧的請旌，她得到貂皮 6 張、錦緞 2 匹的賞賜。不僅如此，她的兒子還同時
得到藍翎頂戴的賞賜。〔註 100〕

三是清代不同於前代的一種特殊的旌表標準：「親見七代」或「親見八代」。
這種情況出現於乾隆末年。皇孫載錫在乾隆五十五年（1790）時年僅八歲，但
他武藝紮實，能達到五箭三中的程度。這令乾隆帝非常高興，就下諭旌賞臣民

〔註100〕清會典事例・卷四〇五〔M〕，北京：中華書局，1991 年，頁 532。

中見到過自己的祖父，同時也有玄孫在旁的長壽老人，並命令八旗都統、步軍統領、順天府府尹和各直省督撫等進行查詢、核實與上奏。對於親見七代者的老人及其家庭，賜予「七葉衍祥」字樣，親見八代的老人及其家庭，賞給「八葉衍祥」匾額，通常由督撫製造並頒發。

　　之後，這種旌表慢慢形成定制：民間百姓中侍奉過祖父，又擁有玄孫的老人，按律得到相應的旌賞。如依據內務府、正白旗及各地督撫在乾隆五十七年（1792）的奏報，共有退休的官員李質穎、忻州監生張克用、趙鈕，解州平民陳徽舜，交城縣平民武漁河，濟寧州原任雲南布政使承鄴，歙縣捐職府知事潘起煌等 7 人都親見七代，均得到朝廷製造頒發的「七葉衍祥」匾額。〔註 101〕又如道光二年（1822）朝廷對廣東年滿百歲、親見七代、五世同堂的長壽老人林遵生的旌表，不僅按常例賞銀三十兩，讓他家自行建坊，還賜下「七葉衍祥」匾額與「升平人瑞」字樣，又另外請旨加賞十兩白銀和錦緞一匹。〔註 102〕

（二）義夫

　　人們通常認為，中國傳統禮教對男子比較寬容，而對女子相對苛刻。但是義夫旌表的出現，則打破了這種固化的印象。義夫作為旌表中的常設名目之一，代表了傳統社會對男性道德要求的一個側面，是基於「忠、孝、節、義」思想而設置的表彰項目。義夫旌表最早出現在北魏，孝明帝在即位詔書裡規定了旌表的對象，其中就含有義夫。詔書中還表明了義夫旌表的方式是「表其門閭」，旌表的目的是「以彰厥美」。〔註 103〕此時，對義夫的言行界定，是比較寬泛的，包含有盡忠效命、忠義輕財等各種義行。義夫之「義」含有更多「俠義」的成分。但是，到了元末，義夫的含義發生了變化。在陳友諒攻破南昌後，李宗頤的妻子自溺身亡，他感動於妻子的情誼，就不再續娶。李宗頤死後，被旌表為義夫。可見，義夫的含義變得狹窄，專指因妻亡不娶的男子。〔註 104〕

〔註101〕清實錄・高宗純皇帝實錄・卷一三九四〔M〕，北京：中華書局，1986 年，頁 723～724。

〔註102〕清會典・卷三〇〔M〕，北京：中華書局，1991 年，頁 255。

〔註103〕（北齊）魏收，魏書・卷九・肅宗紀〔M〕，北京：中華書局，1974 年，頁 222。

〔註104〕（明）王圻，續文獻通考・卷八十三〔M〕，萬曆三十一年本，早稻田大學藏書網絡在線閱讀，頁 10。

　　明代統治者多次頒發詔令，要求尋訪義夫。依據《大明會典》的記載，對義夫等道德模範旌表，是「移風易俗」的重要舉措，目的在於「激勸善良」。因此，明代統治者鼓勵義夫的義行，並從法律層面對義夫旌表的請旌進行了規定。《大明會典》中要求官員必須查訪轄區的義夫，對於其中「節操顯著」且已經獲旌的人，要上報人數。對於沒有獲得旌表的義夫，必須通過親身查訪來核實詳情。〔註105〕在明洪武十五年（1382），皇帝命令都察院要給各處提刑按察司發布通知，其中巡撫、巡按的一個重要職責，就是尋訪沒有獲旌的義夫、孝子、節婦等人，在詢問查訪後，再上報實情。〔註106〕可見，官方是提倡男子守節的。如在明代萬曆年間的《南昌府志》中，就專門列有「義夫類」。

　　不僅如此，民間對旌表義夫也是認可的。明末清初人魏禧就指出義夫旌表的實質是：通過鼓勵義夫來直接鼓勵節婦，因為夫婦的關係是「儒家經世之學必須規範的重要一倫。」〔註107〕清代的旌表制度基本照搬明代，所以在立國之初，也同樣發布了相關政令，表明義夫可以得到旌表。順治元年，皇帝在皇極門頒詔天下時就說：「……孝子順孫義夫節婦，有司諮訪以聞」。但是據《清實錄》記載，直到嘉慶七年才出現義夫旌表。其中，黃河以北幾乎不存在對義夫的旌表。

表9　清代旌表義夫統計表〔註108〕

時　　期	人　　數	地理分布
嘉慶	5	安徽、四川、江西、廣東、雲南、浙江、江蘇
道光	18	
咸豐	22	
同治	18	
光緒	1	
宣統	1	

〔註105〕（明）申時行，大明會典・卷九〔M〕，北京：中華書局萬有文庫本，1988年，頁55。

〔註106〕明太祖實錄・卷一百五十〔M〕，臺灣：臺北中央研究院歷史語言研究所校印，1962年洪武十五年十一月戊辰。

〔註107〕（清）魏禧，魏叔子文集・義夫說〔M〕，北京：中華書局，2003年，頁713。

〔註108〕因為同治帝在殯天後，《清實錄》的撰寫體例有所變化，不再在對該年旌表名目進行彙總，故此後的義夫旌表的具體數量不得而知。只依據第一歷史檔案館能看到的資料進行統計。

　　事實上，義夫旌表的條例正式頒布的時間要遠遠滯後於其執行時間，相關政策直到道光年間才正式出臺。在《道光禮部則例》的卷四十六中，對義夫的條件進行了規定，朝廷旌表的義夫必須同時滿足以下條件：一是三十歲以下喪妻；二是六十歲以上去世；三是品行優良；四是已有子嗣；五是原配夫人去世後無續娶、納妾的行為。

　　義夫不僅得到官方的倡導，也得到了民間的提倡和尊敬。祝允明、徐縉等名士就曾經到義夫馬瑢的舊居參觀。原因是馬瑢因妻亡不續娶而得到過旌表。他生前得到眾人讚揚，死後的故居也成為重要遺跡。所以，很多人有感於他的大義，而去他的故居參觀。他的故事還被記載進了《西園聞見錄》。對此，馮友蘭認為，義夫「以義命名」，表明了其行為的道德性質，古代中國在鼓勵節婦的前提下鼓勵義夫，「在一定程度上也意味著男女齊體的觀念前近了一步。」〔註109〕還有人認為，義夫的出現是情感逐漸取代倫理的新反映，是基於新的社會土壤之上的倫理關係的新動向，不能簡單地將義夫的出現認為是原始的儒家倫理觀念的復興。〔註110〕

（三）義民

　　對義民的旌表，其實是對樂善好施、急公好義等義行的旌表。凡對社會有較大影響的義行，朝廷「皆禮旌」。每因災荒、戰亂、匪患而出現財政困難時，朝廷就會勸諭富裕的官員或平民捐贈錢糧，並為之設立賞格，給予輸財賑濟之人以道德名望的表揚與獎賞。如元代至正五年（1345）四月，汴梁、濟南等地發生災荒。朝廷規定，如果富戶想要得到「義士」的旌表，必須出米五十石以上。盧州府張順興捐出米糧五百餘石，令朝廷十分高興，就特意「旌表其門」。

　　明代與前代最大的不同，在於許多地方志把義民事蹟從《孝義傳》《人物傳》中獨立出來，設立《義民傳》，或在方志的《尚義》《旌義》的篇目下，記述災荒、戰亂時的義民、義行、義舉。《嘉靖象山縣志》中就記錄了義民旌表的背景、標準和方法。義民旌表與義夫、孝子等的旌表不同，不是定時定期進行旌表，而是依據突發事件來進行旌表，正如《象山縣志》中所講，是「歲凶民饑」之時才開展義民旌表。在這個時候，朝廷採取的做法是「勸民入粟賑

〔註109〕馮友蘭，馮友蘭談哲學〔M〕，北京：當代世界出版社，2006 年，頁 128。
〔註110〕根據陳寶良，從「義夫」看明代夫婦情感倫理關係的新轉向〔J〕，西南大學學報，2007 年，（01）。

濟」，在臣民響應後，按照他們捐贈的多少，給與不同的旌賞，或「賜冠帶」，或「表其門」。總之，會把義民從普通百姓中凸顯出來。

對於義民的旌表，皇帝非常重視，甚至親賜敕書，勞以羊酒，除去樹立坊表外，還優先免去差役。如正統七年（1442）朝廷敕浙江嘉興府平湖縣百姓陸宗秀：「國家施仁養民為首，爾能出谷二千四百六十石、麥四百六十石用助賑濟，有司以聞，朕用嘉之，特降敕獎諭，勞以羊酒，旌為義民，仍免本戶雜泛差役。尚允蹈忠厚，表勵鄉俗，用副朝廷褒嘉之意。欽哉！故敕。」〔註111〕這表明，為了激勵義民，使之起到更大的教化作用，明朝把義民旌表作為了對百姓的重要獎勵措施。

明代義民旌表還有一個特點是表門不表墓，即通常情況下只旌表生者。但也有例外，這個例外發生在弘治年間。當時，錫山義民華守吉因出粟助賑得到旌表。但是他向朝廷上奏，請改表門為表祖父之墓。雖然朝廷允許了他的請求，但是邵寶為其作《華氏墓門碑銘》時認為：旌於墓，「非制也」。可見，華守吉改表門為表墓是不符合常例的，因而是少見的特例。

總之，義民旌表彰顯了急公好義、樂善好施的美德，讓有義行之人持續為善，讓觀義行之人學習為善，使得社會救濟能夠長久地持續下去。所以，清承明制，不僅繼承了義民旌表的精神，而且繼承了義民旌表的方法，同時還對義民旌表的積極作用予以了充分的肯定：對於義舉，朝廷要旌表，地方要記錄，父老要傳揚，後人要稱頌，「人亦何憚而不為義哉？」〔註112〕

《清實錄》中第一個旌表樂善好施的案例出現在嘉慶二十四年（1819）二月。當時，朝廷旌表湖北監利縣百姓游大綱，以及湖南寧遠縣貢生王萬倫，為他們捐資修築考棚、捐款修繕江堤的義行給予「樂善好施」的旌表。〔註113〕光緒八年（1882）六月，新河縣監生高寬也因為得到樂善好施的旌表而被允許修建牌坊。〔註114〕捐金好義旌表最早見於道光十二年（1832），「捐金好義，安徽等省候選知縣蔡邦琦等七名口。」〔註115〕同時，急公好義的旌表也在道

〔註111〕崇禎嘉興縣志〔Z〕，日本藏中國稀見地方志叢刊本，北京：書目文獻出版社，1992年。

〔註112〕康熙永康縣志〔Z〕，臺北：成文出版社，1983年。

〔註113〕清實錄・仁宗睿皇帝實錄・卷三六七〔M〕，北京：中華書局，1986年，頁856。

〔註114〕清實錄・德宗景皇帝實錄・卷一四七〔M〕，北京：中華書局，1987年，頁85。

〔註115〕清實錄・宣宗成皇帝實錄・卷二二八〔M〕，北京：中華書局，1986年，頁421。清代對不同階層的稱謂亦有所區別：官紳等稱為「員」，平民等男性稱為「名」，對所有女性均稱之以「口」。

光朝出現。急功好義的行為主要有：為軍用物資捐款，為修建衙門捐錢等。作為清代義民旌表的一種，急公好義的旌賞標準也是朝廷明確規定了的。如果富民要想得到急公好義的牌坊，必須要捐贈價值超過一千兩的田地、粟米，或者直接捐贈白銀千兩以上。在特殊情況下，還可以由吏部酌情考量，給與義民頂戴。如道光二十二年（1842）對沿海各省富民贊助軍隊的旌表，就明確規定了所捐銀兩的用途，是「有益於軍需」；捐助行為的定性是「與出力將士無異」；捐助行為的請旌人是將軍和督撫；另外，其他省份的百姓來沿海捐資，也按當地的標準來旌表。〔註116〕此外，朝廷還在年終對義民旌表進行總結和統計。

表 10　清代義民旌表統計

旌表事蹟	時　間	統計（例）	總　計
捐金好義	道光十二年（1832）	7	21
	道光二十年（1840）	6	
	咸豐四年（1854）	1	
	咸豐六年（1856）	8	
樂善好施	嘉慶二十四年（1819）	2	35
	同治六年（1867）	3	
	同治八年（1869）	1	
	同治十年（1871）	11	
	同治十一年（1872）	2	
	同治十二年（1873）	12	
	光緒十年（1884）	1	
	光緒二十一年（1895）	1	
急公好義	光緒八年（1882）	1（建坊）	2
	光緒十七年（1891）	1（建坊）	

此外，清朝還對少數民族的義民進行了旌表。光緒十年（1884）二月，土謝圖汗四旗遭到重大災害，朝廷給予勸捐拯救當地民眾之人「樂善好施」的匾額。〔註117〕光緒十六年（1890），朝廷對旌表樂善好施進行了補充規定：在年歲不好之時，蒙古人中不論捐贈糧食、牲畜還是白銀，只要達到 1000 兩，

〔註116〕清會典事例・卷四〇三〔M〕，北京：中華書局，1991 年，頁 500～501。
〔註117〕清實錄・德宗景皇帝實錄・卷一七八〔M〕，北京：中華書局，1987 年，頁 487。

需要奏請，才能賜下匾額；但若不到 1000 兩，就由主管大臣直接賜給匾額，依然給與「樂善好施」的字樣；上述各種義民，都不給與修建牌坊的銀兩，但允許他們自行建坊。〔註 118〕這種旌表並不侷限於漢族和少數民族，在光緒二十一年（1895）十二月，皇帝因洋人女子用西醫技術治好了大臣，而賜給她樂善好施的匾額。〔註 119〕

（四）一胎多育

在以農業立國的傳統社會中，人口的多寡成為衡量國力盛衰的重要標誌，因此在統治者眼中，生育問題就不僅僅是個人或者家庭的事情。這正如王躍生所說：「人口生育是自然屬性非常突出的行為。在古代中國，生育同其他人口活動一樣，受到政府的干預，因而使其成為一種社會性行為。」〔註 120〕

1. 一胎多育的旌表歷程

對於一胎多育的獎勵始於春秋時期。在吳越爭霸期間，越王句踐為了鼓勵民眾生育，規定若一胎生三人，國家來養育；若生二人，國家給糧食。〔註 121〕此後，石勒的後趙政權也有對一胎多育的獎勵實例。當時，黎陽人陳武的妻子一胎生育三男一女。石勒認為這是一件好事，就賜給陳家負責哺乳的奴婢 1 個、雜色緞子 10 匹、穀子 100 石。在當時，國家甚至把這種獎勵延續到孩子三歲時才終止〔註 122〕，還同時免除一胎多育之家三年的徭役。

但是，並不是所有的朝代都對一胎多育給予獎勵，有些甚至對此非常排斥。唐代、五代十國時期以及宋代，均把一胎多育現象看做不詳，認為是災異，也就不會給予表彰。這段時期的正史中，大概有 5 處一胎多育的記載，全部出自《五行志》中。〔註 123〕可見，一胎多育並不受統治者的歡迎。

〔註 118〕清會典事例・卷九八九〔M〕，北京：中華書局，1991 年，頁 219。

〔註 119〕清實錄・德宗景皇帝實錄・卷三八二〔M〕，北京：中華書局，1987 年，頁 1007。

〔註 120〕王躍生，中國人口的盛衰與對策〔M〕，北京：社會科學文獻出版社，1995 年，頁 128。

〔註 121〕徐元誥，國語集解・越語上〔M〕，北京：中華書局，2002 年，頁 571。

〔註 122〕（唐）房玄齡等，晉書・載記五・石勒載記下・卷一〇五〔M〕，北京：中華書局，1974 年，頁 2737、2747。

〔註 123〕如「天祐二年五月，潁州汝陰民彭文妻一產三男。」（《新唐書・卷三六》）「冬十月癸未，左熊威軍將趙暉妻一產三男子。」（《新五代史・卷五》）「八月乙酉朔，陝州硤石縣民高存妻一產三男子。」（《新五代史・卷六》）「乙亥，魏州內黃民武進妻一產三男子。」（《新五代史・卷一〇》）「二十年八月，真符縣民家一產三男。」（《宋史・卷六二》）。

這樣的狀況直到元代才有所改變。忽必烈在位時，賜給一產三男的家庭優厚的待遇，目的是為了鼓勵生育。如中統二年（1261）九月，河南百姓王四的妻子一胎生育了三個男孩，忽必烈就令相關官員酌情給與撫養的支持。〔註124〕至元八年（1271）九月，鄧州軍戶張二的妻子一胎也生了三個男孩。河北河南提刑按察司向御史臺上奏，請示免去張二家的差役。御史臺將這件事又呈報給尚書省。最終，朝廷下旨免去張家三年雜役，並從這一年形成定例，規定：對於一產三男之家，由其地方主管官員酌情減免差役；如果是軍戶中有一產三男的現象，同樣由主管官員進行存問，「省府議得准免三年差役，仰照驗施行」。〔註125〕但是，這並不意味著人們對一胎多育沒有「不詳」的看法。因為更多的關於一產三男或一產四男的記錄被史官記入《五行志》中，如《元史‧五行志》中就有十多處關於一胎多育的記載。而這種觀念和行為的矛盾性也一直延續到了明清。

2. 明代對一胎多育的旌表

明代與之前的朝代一樣，依然把一胎多育的情況看做是不詳和災異之事。所以，《明史》中認為：前代的史書中多記載一產三男的事情，是因為其比較怪異，這種事情發生多了後，就不可能被詳細記錄了，只能「其稍異者誌之」。〔註126〕但是，明朝的具體政策行為是與這種觀念不同的。統治者非常注重人口的增加問題，因此實施的是鼓勵生育的政策，自然對一胎多育不持反對態度。而且，朱元璋非常重視百姓的休養生息，他認為「初飛之鳥，不可拔其羽；新植之木，不可搖其根」〔註127〕，把鼓勵生育作為基本國策來推行。他這樣做的緣由，正如王躍生所分析的，是因為傳統中國社會的基礎是小農經濟，人口政策與朝廷在政治、軍事等多方面的利益直接掛鉤。所以，旌表一胎多育，其實是「通過利益調節，引導百姓的生育，進而解決了勞動人手不足的困難。」〔註128〕

〔註124〕（明）宋濂，元史‧本紀四‧世祖一‧卷四〔M〕，北京：中華書局，1976年，頁74。

〔註125〕元典章〔M〕，北京：中國書店，1990年，頁492。

〔註126〕（清）張廷玉等，明史‧卷二十八‧志第四‧五行一〔M〕，北京：中華書局，1974年，頁441。

〔註127〕明太祖實錄‧卷二九〔M〕，臺灣：中央研究院歷史語言研究所校印本，1962年，頁505。

〔註128〕王躍生，中國人口的盛衰與對策〔M〕，社會科學文獻出版社，1995年，頁142。

正是基於上述訴求，為了鼓勵百姓生育人口，朱元璋對一胎多育給與了旌賞：

表 11　明太祖一胎多育旌表實例

時　　間	地　點	人　　物	事　蹟	旌　　賞
洪武十四年	荊州	護衛軍婦	一產三男	賜錢米、乳母養之
洪武十七年	荊州	王保成妻馬氏	一產三男	賜錢米、乳母養之
洪武二十六年	河南	王狗兒妻周氏	一產三男	賜鈔十錠、米五石；分其子於無子之家養之；月給米五斗，過二歲罷給。〔註129〕

在上表中的第三個案例後，明代對「一產三男」的獎勵就成為定例。此後，但有一胎多育的事情出現，朝廷皆按舊例，給與錢鈔和米糧的旌賞，並且，這種獎勵漸漸變得豐厚起來。如上表所示，在洪武朝時，對一胎多育生下的孩子，朝廷最多給米糧撫養至兩歲。等到了永樂朝，朝廷給與的旌賞就已經是成倍增加了。在永樂七年（1409），靈丘縣百姓李文秀的妻子一胎生下三個兒子，相關主管官員商議後，決定給與米糧直到孩子八歲。誰知，明成祖朱棣知道後，認為還可加賞，「命至十歲罷之」。〔註130〕

3. 清代對一胎多育的旌表

清人對前代的觀點予以了反思，認為一胎多育並非災異。如紀昀就對前代的做法進行了駁斥。他認為，《漢書‧五行志》因母氣過盛、陰陽失調而把一產三男看做是「人疴」，是片面的。《論語》中所講的「周有八士」，出生就比較離奇。但是，聖人依然不把他們看作是妖異，後人又怎能如此膚淺呢？更何況，天地之間，萬物化醇，不是沒有天光有地就能生出萬物的。一產三男也是如此，不是光有母親沒有父親就能生育出來的。如果一產三男現象中的女子是沒有丈夫而懷孕，說這個現象是「人疴」還是可以的。但是，若孩子們有父親，就不能單說母氣過盛，而忽略了父氣過盛，也就不能說是陰盛陽衰了。〔註131〕所以，他在修《續文獻通考》時，沒有仿傚馬端臨，沒有把一胎多育的事件列於《祥

〔註129〕明太祖實錄‧卷一三七〔M〕，頁 2166，卷二六四；頁 2533，卷二二九；頁 3347～3348。

〔註130〕（明）余繼登，典故紀聞‧卷七〔M〕，北京：中華書局，1981 年，頁 127。

〔註131〕陳康祺，郎潛紀聞初筆‧卷一一〔M〕，北京：中華書局，1984 年，頁 239～240。

異考》中，這充分體現了他的開明與通達。但遺憾的是，趙爾巽等人重複了前代的做法，在寫作《清史稿》時，再次將一胎多育的情形列入到《災異志》中。

　　清代關於多胎生子旌表的規定，最早出現於康熙朝。朝廷在康熙二年（1662）規定，但凡出現一產三男或男女並產的現象，若產婦屬於八旗，則由禮部進行上奏；若屬於地方，則由督撫進行上奏，最後彙總到戶部，賜下5石米與10匹布。此時，對一胎多育的旌表並沒有給與銀兩與修建牌坊的旌賞。但是，在朝廷的政策鼓勵下，一胎多育的情形越來越多。在康熙五十二年（1713），統治者實施「滋生人丁永不加賦」的政策，極大地刺激了百姓的生育積極性。此外，朝廷對於一胎多育的旌賞是非常靈活的。如嘉慶十二年（1807），察哈爾站兵吹札布的妻子一胎生育三個男孩，本來按照舊例，朝廷應給與5石米、10匹布的賞賜。但是，考慮到米糧和布匹在蒙古並不實用，蒙古人往往把牲畜作為生產生活的資料，朝廷就把這項賞賜事宜交由都統來辦理，按照市值把5石米、10匹布折算成牲畜。之後，這種旌賞方式就成為一項定例。〔註132〕

　　根據《清實錄》和《清史稿》的記載，有清一代，符合一產多男旌表條件的共有900多例，具體為：

表12　清代旌表一胎多育統計表〔註133〕

時　　間	一產三男	一產四男	一產五男	一產三男一女
康熙	12	4		
雍正	51	1		
乾隆	532	1		1
嘉慶	152	1		
道光	137			
咸豐	17		1	
同治	0	0	0	0
光緒	2	1		
宣統	2			

〔註132〕清會典事例・卷四〇六〔M〕，北京：中華書局，1991年，頁547。

〔註133〕主要依據《清實錄》從雍正十三年（1735）至咸豐十年（1860）年終彙總以及《清史稿》中的《宣統皇帝本紀》和《災異志一》的記載加以統計，不涉及地方志和筆記等資料。

（五）軍功勳勞

由前述旌表的釋義以及旌表的演變發展過程，可知旌表從誕生之日起，就與「戰旗」「領軍卒」「軍功爵祿」等意項有著天然的聯繫。比如先秦時期出現的「爵制」，就被視為旌表制度的雛型。雖然統治者在社會教化層面或者說在基層控制方面，幾乎不提及或者說不需要百姓追求軍功爵祿的旌表，主管各種旌表的部門也不相同。但是不可否認，這類旌表是明清旌表體系裏不可缺少的一部分。

對軍功勳勞的旌表，究其根本，是對「忠」的旌表。所以《清會典》卷九十七中有這樣的表述：「凡旌表，建昭忠祠⋯⋯」。其實，在傳統中國社會，有把「孝」與「忠」相聯通的觀念，因此有「移孝作忠」「移孝為忠」的說法。同時，「忠」與「義」又是人們處理人際關係和國家關係的倫理規範。所以，關於「忠」的旌表，也具有一定的教化意義。

明清對官員的旌表主要有封爵、贈與封號、配享太廟、恩蔭、賞賜金銀等方式。如《明史》中記載的旌表事例：在攻打四川的過程中，皇帝親自寫下《平蜀文》，來旌表傅友德和廖永忠在攻打四川過程中的戰功。不僅「褒賚甚厚」，〔註134〕而且還賜下二百五十兩白金，二十匹彩色錦緞，以表彰他們的赫赫戰功，同時也表達鼓勵之意。可見旌表戰功比旌表貞節、累世同居等的力度大多了。明清統治者對文臣的旌表也同樣重視，如《清史稿》中記錄的清世祖在順治十年（1653）春正月庚午下諭：「朕自親政以來，但見滿臣奏事。大小臣工，皆朕腹心。嗣凡章疏，滿、漢侍郎、卿以上會同奏進，各除推諉，以昭一德。」之後他再次下諭：「言官不得掊摭細務，朕一日萬幾，豈無未合天意、未順人心之事。諸臣其直言無隱。當者必旌，戇者不罪。」也就是說，文臣能夠直言進諫者，是會得到皇帝旌表的。

其實，旌表軍功勳勞的目的比較簡單：一是為了籠絡文武大臣的人心，對於武官而言，依據軍功大小的旌表，比較公平，也較能恰當地實施獎勵，可使武將對統治者更為忠誠；對於文官而言，依據政績與德行進行表彰，則使其對朝廷更加忠心。旌表軍功勳勞的第二個原因是為了給其他臣民樹立榜樣，以此來鼓舞其他軍人為國禦敵，鼓勵其他文臣為君盡忠，鼓勵所有的臣子都能效忠君主，使統治者的江山更加穩固。

〔註134〕（清）張廷玉等撰，明史・卷一百二十九・廖永忠傳〔M〕，北京：中華書局，1974 年，頁 3806。

當然，上述對象並沒有囊括所有的旌表對象，如對隱逸之士等的表彰。但這類旌賞在明清旌表中所佔據的位置微乎其微，所起到的社會教化的作用也可以忽略不計。故本研究的重點分析落在對基層社會和國家教化有重要意義的孝子、順孫、節婦、烈女、義門、義夫、累世同居等符合傳統道德規範的對象範圍內。

由上文可知，在社會教化的視野下，以「忠、孝、節、義」等儒家傳統觀念為理論基礎，明清兩朝在沿襲前代旌表的常例下，對旌表的對象類型並沒有做較大改變，只是在獲旌者的具體條件方面做了細微的調整。

明清對孝行的旌表非常重視，對能夠得到旌表的孝行做了比較嚴格的規定，對孝行卓著的孝子、順孫、義孫、孝婦、孝女等進行物質和精神上的雙重獎勵。明清兩朝都對行為極端的孝行表示了批判，對於絕大多數有違人情的孝行不予旌表。

同樣出於對孝的重視，明清兩朝對累世同居的旌表也非常關注。明清對所謂「義門」的旌表，在實際上肯定了這些家族在地方的教化作用。由於累世同居的數量逐漸遞增，明清旌表的對象一般在五世以上。

明清對貞節的旌表，達到了傳統專制社會的頂峰。旌表的數量遠遠超過前代對女性旌表的總和。造成這種現象的原因，主要是統治階層對傳統禮教的推崇。到了清代，一些有識之士開始對貞節旌表進行反思，但是並不能終結民間對貞節旌表的認同，也就沒有終結國家對貞節的旌表。

此外，明清兩朝還對長壽老人、義夫、義民、一胎多育、軍功勳勞等現象進行了旌表，並給與上述人群相應的榮耀。

第三章　明清旌表的程序方式

常言道：沒有規矩不成方圓。對旌表這樣一種重要的教化手段來說，自然有其一整套的規定、守則和程序。《清史稿‧孝義傳》在對旌表進行總結時講道：「清興關外，俗純樸，愛親敬長，內慤而外嚴。既定鼎，禮教益備，定旌格，循明舊。」「旌格」就是指與旌表有關的規章制度。「循明舊」也表明了明清兩朝在禮教、旌表方面有著高度的相似性。

一、明清旌表的程序

統治者對旌表的重視，來自於他們的「賞善」觀。即為了宣揚符合道德教化的行為準則，通過獎勵善行、懲處惡行來提倡和推行王朝統治者所認同的行為規範。如《明太祖實錄》記載，明太祖在洪武四年（1371）強調了懲惡揚善的作用是「移風易俗」，並把其重要性定位在「有國之務」的高度上。六年後，明太祖把賞善、罰惡的重要性上升到「國之大權」的高度上。他認為，國君執掌賞、罰之權來統治天下，對於有功的人，即使是國君討厭的也要進行獎勵；對於有罪的人，即使是國君喜歡的也要給與懲罰，按照功勞、德行來旌賞，就能使天下臣民心服口服。洪武十四年（1381），他再次強調，為人君者要重視賞善和罰惡，這種治國手段的重點是「至公」，也就是一定要公正嚴明。所以，作為「賞善」的重要手段，旌表自是有比較嚴格的規定的。

主管旌表以及制定相關規則的部門，主要是禮部，因其掌管「禮樂、儀章、郊廟、祭祀、朝貢、會同、賓客、宴享、學校、科舉之政及天下祀典」的規格、節母、制度。禮部要對從朝廷到地方的各項涉及到禮儀的規定進行「講議損益，考定而頒行之，使儀表中外粲然有倫」，對於所有涉及到教化的內容，

如「敦崇風教、厚勵民俗」，也是由禮部主管，由禮部「總其職務，而奉行其制令」。〔註1〕也就是說，絕大多數與社會教化有關的事項，都由禮部來負責。按照《大明會典》（申時行等重修）中關於《禮部合奏啟》的規定，排在第六位的就是旌表。但是，這並不意味著旌表的所有類目都由禮部來負責，戶部、吏部等部門也會承擔一些旌表職責。

看起來比較簡單的職責劃分，其實經過了複雜的歷史演變過程。明清旌表程序中的每一個環節，幾乎都能在前朝找到原型。

（一）旌表有源

對於旌表程序而言，最簡單的劃分其實就是兩種：主動與被動。

從旌表掌權者的角度出發，一種是「風聞」後，主動去旌表，而不管獲旌者是否同意（當然，在傳統專制社會中，幾乎不會發生不同意的情況），在歷史上由皇太后、皇帝直接下旨旌表的事件，多屬於這種情況；另一種是按照特定的程序，不論上報人是誰，有人奏報才會被動去旌表。這種方法在旌表發展到成熟階段後，被絕大多數的統治者所採用。

從獲旌者的角度出發，同樣存在主動、被動兩種情況。其一是本人沒有主觀意願，朝廷或者官員直接給與旌表，本人被動接受，這種情況主要發生在宋元以前，以及立朝之初；其二就是本人熟悉獲得旌表的「嘉言懿行」，主動按照這樣的標準來要求自己，使鄉老或者主管官員主動為自己上奏，這種情況在天下太平時非常常見。常言道，百善孝為先，從對歷代孝行旌表的程序梳理中，就能發現旌表程序的一些特點〔註2〕。

孝行旌表在起初並不非常規範，在唐代及唐代以前，最高統治者如太后、皇帝等，若風聞了某人的孝行，就可以直接旌表。同時，尚書、刺史、節度使等官員，也有實施旌表的權利。到了宋、元兩代，則必須是由地方政府、官員或鄉紳等上奏，言行出眾的人才能得到旌表。官員沒有直接旌表權。明清兩代的統治者、統治機構（如禮部、戶部）固然可以直接旌表，但是也有官員，比如巡撫、知府、知州等，可以實施旌表。其中，清代更加重視由非官方人員上

〔註1〕（明）俞汝楫編，禮部志稿·卷八〔M〕，清文淵閣四庫全書本，1983 年。
〔註2〕本研究在梳理旌表歷史時，把「旌孝」作為重要的一條線索。因為涉及到貞節旌表的概念「貞烈」「節烈」「貞孝」「節孝」等比較混雜，在統計時不好確定數據。而正史中關於累世同居的數量相對較少，不適合作為教化研究的數據模型。所以，本研究在此處和下文的舉例中，會主要選擇「旌孝」來闡明觀點。

奏的孝行旌表。

表 13　歷代旌孝程序統計表

書　目	太后或皇帝等最高統治者實施旌表	地方政府或官員實施旌表	由地方政府或官員上奏	由非官方人員上奏	由朝廷直接旌表〔註3〕
《晉書·孝友傳》			1		
《南齊書·孝義傳》		1			7
《梁書·孝行傳》	1	2			
《陳書·孝行傳》	1				
《南史·孝義傳》	25	3	8		8
《魏書·孝感傳》	2	6		1	
《周書·孝義傳》	2		1	2	
《隋書·孝義傳》	6	1	2		
《舊唐書·孝友傳》	2	1			
《新唐書·孝友傳》	4	4	1		2
《宋史·孝義傳》			10	3	4
《元史·孝友傳》			33	1	22
《明史·孝義傳》	1	2	3		39
《清史稿·孝義傳》	1	5	4	8	7
總計	45	25	63	15	89

　　值得一提的是，在旌表孝行的過程中，若有名人的參與，則該事件往往在史書中佔有較大篇幅。比如，唐代壽州安豐李興，因柳宗元為他作《孝門銘》，不僅孝行得以名垂史冊，而且後人還能看到壽州刺史為他寫的「推薦信」。這個案例，也同時反映了當時的旌表程序：刺史為李興請旌，要求旌表門閭與刻石，得到朝廷同意後，由柳宗元為之作銘。同理，明清旌孝時，若有帝王對此事的評價，通常也會在史書中佔據較大的篇幅。

　　此外，由上述統計可知，本研究對明清旌表流程的探索，只限於一般的程序，但是這並不意味著沒有特例的存在。

〔註3〕指史書中未表明是由誰進行推薦或由誰實施的旌表，只是點出某人獲得旌表。

（二）旌表有則

明清旌表是有一定的範圍和原則的，並且要求請旌事例真實可信，正如《清會典》所講的：「凡孝義忠節者，察實以題而旌焉。」〔註4〕據本研究統計，《大明會典》（申時行等重修）中涉及到旌表的內容，共有26條。《大清會典》中涉及旌表的內容雖然只有5條，但是《大清會典則例》中涉及旌表的內容有105處。這些條例不僅包括對請旌者的規定，而且包括對被旌者的規定；不僅有對宗親旌表的規定，而且有對平民旌表的規定，甚至對常態的旌表和非常態的旌表（如出巡時的旌表）都做了法律層面的規定。

首先，旌表的對象主要針對的是平民。這是因為統治者治理國家，一個重要的手段就是「教化君民」，正如明太祖所說的「治道必本於教化，民俗之善惡即教化之得失也」。可見，對平民百姓中符合傳統倫理道德的楷模進行旌表，是教化的客觀要求。教化作為皇帝的職責，也同時意味著其重要手段旌表也是皇帝的職責。統治者要肩負教化責任，就必須動員參與王朝治理的各級官員參與旌表，同時要求各級官員把旌表的標準和條件傳達給百姓。所以，旌表的對象通常只針對平民百姓，只針對鄉里有德行的平民。正如《大明會典》所規定的：「國初，凡有孝行節義為鄉里所推重者，據各地方申報，風憲官核實奏聞，即與旌表。其後止許布衣編民、委巷婦女，得以名聞，其有官職及科目出身者，俱不與焉」。〔註5〕也就是說，不僅是有官職的人，但凡科舉出身的人也不予以孝子、順孫、義夫等與基層教化密切相關的旌表。嘉靖二年（1523），朝廷又對這條規定進行了補充，對旌表對象作了更為嚴格的限制，規定衙門中任職的官員（除去進士、舉人等算作科舉的旌表），以及官員的夫人因受誥封而成為命婦的，按前例不准旌表。「其餘生員、吏典一應人等」，如果有孝順事例突出、婦人守節影響較大的事蹟，足以成為典範，為鄉鄰起到表率作用的人，相關主管官員仍然要據實上報，按律旌表。

因此，《明實錄》中所記載的旌表事例，大部分是沒有官身的平民百姓，極少部分的人才與官員有關係。如明成化十七年（1481）十二月，朝廷旌表了烈婦王氏、節婦鄒氏、節婦萬氏、節婦饒氏四人。其中，只有王氏是南京錦衣衛百戶黃賓的侍妾，其餘三人都只是普通百姓的妻子。〔註6〕

〔註4〕清會典·卷三〇〔M〕，北京：中華書局，1991年，頁254～255。
〔註5〕（明）申時行等，大明會典·卷七十九〔M〕，北京：中華書局，1989年，頁457。
〔註6〕明憲宗實錄·卷二百二十二〔M〕，成化十七年十二月戊辰。

其次，旌表的對象必須是道德楷模，其言行必須符合三綱五常的要求。簡單來說，獲旌者就是符合清代統治者所要求的「嘉言懿行」者。詳細來說，就是《大明會典》所規定的：「志行卓異，可勵民風」的忠臣、孝子、順孫、義夫、節婦、烈女，在經過主管官吏為之請旌上報，經過監察御史、按察司核實詳情，再把相關手續轉移回主管官吏手中時，就能得到旌表。獲旌的忠臣、孝子、順孫、義夫、節婦、烈女無一不是傳統道德的典範。朝廷通過對他們的表彰，能起到對百姓的引領和示範的作用，從而能塑造大批統治者所需要的服從性較高的忠順之民。正是出於同樣的原因，累世同居或者說義門也成為朝廷嘉獎的重要對象。如「天順元年，詔民間同居共爨五世以上，鄉黨稱其孝友者」〔註7〕，經過相關官員核實其品行，就能得到旌表。

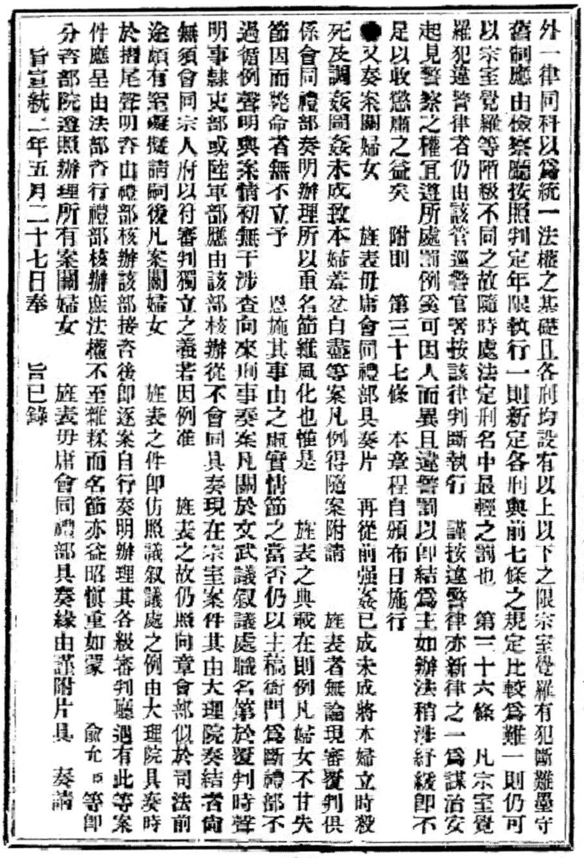

圖19　清代邸報中關於「節烈旌表」的規定

〔註7〕（明）申時行等，大明會典‧卷七十九〔M〕，北京：中華書局，1989年，頁457。

　　第三，旌表對象的行為必須滿足一定的要求或達到特定標準。這種標準就是前文說的旌格，又稱為賞格。如明代旌表義民的賞格包括應出錢穀數量、旌表等次、優免事宜等方面。《大明會典》明確規定：捐出穀子 1500 石以上的百姓，可免除自家差役，經官員請旨後獲旌為義民；捐出穀子 300 石以上的百姓，可免除自家兩年的差役，得到立石題名的旌表；各地官員要設立義倉，要為捐出 1000 石以上細糧、2000 石以上粗糧的百姓請旨進行獎勵。也就是說，繳納糧食不到一定標準的平民，是無法成為義民的，更別說得到豐厚的獎勵了。又如明嘉靖年間推行的《大明律附例》對守節女子的旌表，就規定：民間的寡婦，要得到「旌表門閭」和「除免本家差役」的旌賞，必須滿足「三十以前夫亡，守志至五十以後不改節」的條件。也就是說，年紀超過三十歲、丈夫去世不到二十年的寡婦是無法得到旌表的。清代採取了同樣的標準。朝廷在康熙六年（1667）發布詔令，規定貞節旌表的對象必須是：「民婦三十歲以前夫亡守節，至五十歲以後完全節操者」。〔註8〕

　　在特殊情況下，旌格還有對地區或地域的限制。如明正德四年（1509），湖廣地區多次遭到災禍。但是，朝廷把勸賑的地域範圍只限定於武昌、漢陽兩處。為了救急，巡撫胡廣和右副都御史王綸就上奏請旨，希望增加漢口等地對富民進行的勸諭捐輸，鼓勵更多人捐贈錢糧。結果，戶部沒有批准。因為朝廷認為，災荒之時的治理要點是撫恤百姓，如果在貧窮的地方勸諭捐輸，可能會發生官吏借機中飽私囊的事情，這會使災民沒有得到救濟而地方卻受到了驚擾，是違背勸諭本義的。而朝廷限定武昌、漢陽作為勸賑之地，是因為這兩處的富民與商人比較多，比較適合鼓勵捐輸。戶部還同時強調，地方官員在其餘州縣，不得進行勸借。〔註9〕

　　清代對旌表標準的規定也很詳細。如旌表急公好義，其範圍包括捐辦軍需，捐修城垣、衙署、公所等。對於捐贈物資或銀兩不滿 1000 兩的民眾，由地方官賞給「急公好義」匾額；對於捐贈田地、糧食、銀兩超過 1000 兩的百姓，則由地方官員賞賜白銀三十兩，讓獲旌者自行修建牌坊；如果有「願議敘者」，則由吏部經過商討，賜給他們頂戴。清代的旌格還對「義門」做了詳細規定：父母在世竭力供奉，父母去世按禮守喪；父母遠行，千里尋之，或將父

〔註8〕清實錄‧一冊‧清太祖實錄‧卷一至卷十〔Z〕，北京：中華書局影印本，1985年。

〔註9〕明武宗實錄〔M〕，臺北：臺灣中央研究院歷史語言研究所影印本，1961 年。

母迎歸故里；父母若死於他鄉，能將屍骨帶回家安葬；兄弟和睦，五世同居而不析產分戶的人家，朝廷才會賜予「義門」的封號。

此外，朝廷對旌表公文的上報或發布，也做了格式上的規定。如《大明會典》（申時行等重修）中的《制書榜文》就規定了官員對旌表的報告格式，是：「孝子順孫義夫節婦，已旌表者幾十幾名，一名林真，一名胡大」。

（三）旌表有序

走正規渠道的旌表，是有特定的程序的。

首先，提出旌表或者說「請旌」的人，通常不是獲旌的人，而是里老或者官員。明代規定，對於符合孝、節、義等傳統道德要求，並得到鄉里稱譽的百姓進行旌表，需要按程序來進行。一般先由地方官申奏，然後經風憲官核實奏聞，禮部就給予旌表。明洪武二十一年（1388），朝廷對旌表的程序予以了規範。對於地方上的孝子順孫、義夫節婦以及其他符合旌表標準的百姓，里老、胥老等人可通過兩條途徑上奏其嘉言懿行：一是直接上報朝廷；二是告知地方主管官員，由他們轉呈給中央部門。如果里老等人已經上奏，而地方主管官員沒有上奏，那麼地方官員要受到懲處。此外，「每遇監察御史及按察司分巡到來，里老人等亦要報知，以憑核實入奏」。可見，按明代的法律規定，里老等人是旌表的申請人。如果是義民捐借錢糧，地方在上報乞請旌表的同時，需要登記造冊，給予義民簿籍或印信留作證明，準備豐年償還。這裡的請旌人就是地方府、州、縣的相關官員。如明朝的平陽人柳靖獲旌為義民。一方面是因為他確實有捐出一千二百五十石的糧食給與官府的義行；另一方面也是因為縣令章惠把他的事蹟上奏給皇帝，皇帝才下旨對他進行旌表。〔註10〕

對於不同階層的旌表，請旌人也不一樣。如《大明會典》中對宗親的《獎諭》記載：嘉靖九年定，宗支有孝行實跡等項應旌獎者，要由親王奏來。如果是親王自身，則令撫按官奏來。「仍行勘明、寫敕遣官往諭」。也就是說，親王、撫按官才可以為貴族題請旌表。《清會典》中規定：宗室、覺羅應旌表者，宗人府奏交禮部題請旌表。比宗室要低一等的在京八旗及各省駐防，其中的應旌表者，由主管部門在每年的三月以前，查訪諮詢在京的都統和駐防將軍都統，登記成冊，上報禮部，核議彙題。而比宗室和八期等級更低的各省應旌表者，則由督撫、學政彙總整理成冊，然後上交中央部門進行核查與題准。以急公好

〔註10〕王直，抑庵文後集〔M〕，四庫全書本。

義的旌表為例，清代明確規定了八旗由都統具奏，各省由督撫具題，均造冊送部。也就是說，宗人府、都統、督撫、學政才可以題請旌表。

其次，旌表的申請需要核查。如清順治帝規定：「所在孝子、順孫、義夫、節婦，有司細加諮訪，確具事實，申該巡按御史詳覈奏聞，以憑建坊旌表。」〔註11〕也就是說，對於有關官員上報的旌表事項，巡按、御史有核查的職責。朝廷還在康熙五十九年（1720）對未履行核查職責的行為，進行了懲罰方面的規定：「節孝昭著，所司不核明詳報者，交部議處，所屬上司，不轉詳題請旌表者，交部一併議處，通行八旗直省一例遵行」。〔註12〕

明代則規定由風憲官負責核查，如果有不符合旌表標準或者不屬實的情況，則所有的請旌人上至地方官員下至里老庶老都要受到懲處。

接下來，中央部門再進行最後的核查，合格的就上奏，不合格的就懲處。明太祖選拔孝悌之士時，出現「有司上禮部請旌者，歲不乏人，多者十數」〔註13〕的踴躍情形，可見在旌表過程中，禮部屬於主管部門，佔據著重要位置。如明代成化元年（1465）規定：對於孝行旌表和貞節旌表，需由里老向主管官員呈報，由掌印官親自調研審核後，由相關職官把事情詳細地向上奏報。之後，由禮部進行勘查與核實，分類進行旌表。如果出現虛報守節年限，以及寡婦年齡不到 50 歲的情況，如果被人揭發，或者由風憲官在勘核中查出，則從請旌的里老到相關主管官員，都要「通行治罪」。〔註14〕由此可知，旌表貞、孝是由禮部負責。但是，賑濟捐贈與錢糧統籌屬於戶部管理，義民捐出的錢糧數最終也由戶部彙總。所以，對於義民的旌表，地方官員要向戶部呈報，由戶部審核後，再題請旌表。如果涉及到虛銜、散官等的授予，還需要吏部來審批。如果涉及到節烈旌表的情況比較複雜，甚至需要刑部的審批。

通常來講，需要刑部參與的情形出現時，一般是由禮、刑二部共同會審。如清嘉慶八年（1803）朝廷對烈婦旌表的規定：對於「強姦已成，本婦被殺之案」，如果兇手超過兩人，則證明女子柔弱難以抵抗，就忽略掉其被侮辱的事實，按照「強姦不從因而被殺者」的標準來旌表。但是，如果兇手只有一個人，那麼就要詳查女子有沒有被綁縛的情形以及其他證據。在這類案件中，各省督

〔註11〕清實錄・世祖章皇帝實錄・卷九〔M〕，北京：中華書局，1985 年，頁 95。
〔註12〕嘉慶朝《大清會典》、《事例》，嘉慶二十三年刻本。
〔註13〕（清）張廷玉等撰，明史・卷二百九十六・孝義一〔M〕，北京：中華書局，1974 年，頁 7576。
〔註14〕大明會典〔M〕，明萬曆內府刻本，1989 年，頁 847。

撫要在奏摺中詳細敘述，由禮部和刑部會同核查，並把勘核結果附錄於題本中，請皇帝裁定。另外，對已成事實的強暴案件，依據受害女子身亡的時間的不同，旌表也會有所差別。當場自盡與事後自盡的旌賞，有一半的差距。當然，為這類女子請旌，同樣需要督撫詳細奏明，並由禮、刑二部進行核實，才能「減半給予……以示限制。」可見，朝廷對旌表的實施是比較謹慎的。為了確保旌表的嚴謹性，有時候需要幾個部門的聯動。如嘉靖八年（1529）四月的一件旌表案例：

　　巡撫河南都御史、巡按御史、鎮守太監等人各自上本，為開封府杞縣監生張希仁、伊周府世子西城副兵馬指揮張希義，典膳王廷佩請求旌表。他們在奏章中表明，王廷佩捐輸白銀 1000 兩，張氏兄弟捐輸粟米 2400 石，符合朝廷對義行旌表的準則。於是，朝廷命令戶部諮詢新任的巡撫河南都御史等人，以及諮詢都察院轉行巡按御史，再次對請旌的事實進行勘核。如果張氏兄弟和王廷佩的義行屬實，那麼按照舊例進行旌表。王家所在之縣的官員，要在王廷佩家門口，為之修建一座牌坊；張氏兄弟則合立一座牌坊。按照請旌各位官員的請求，戶部需要諮詢吏部和兵部，在張希仁的監生本等資格證明上添加職銜、填注致仕，張希義、王廷佩各給與冠帶與賜下指揮服色。以上旌賞辦法，最終由主管大臣上奏皇帝裁奪。〔註15〕

　　從這個案例可以看出，巡撫、巡按等風憲官不僅要向義民旌表的主管部門戶部上奏請旌，還要配闔戶部進行二次勘核，之後，需要把核查結果詳細回奏戶部。接著，戶部將草擬的旌表審定結果提交皇帝批准，最後才能交由地方官府來按例實施旌表。因為旌賞涉及到監生、軍人等的職銜添加事宜，所以戶部還要諮詢吏部和兵部。

　　最後，旌表的結果會由請旌的路徑返回，使受旌者得到所應享有的榮譽。如《清會典》規定，如果獲得旌表的人能得到御賜詩章、匾額、緞匹，則由內閣交部送督撫，由地方官領取。由於所受旌表的事蹟不同，獲得的結果也不同。如《清會典》卷三中的規定：獲得「清標彤管」四字匾額的節婦，事蹟為三十歲以前守寡，未到五十歲就去世（守節超過六年）或年齡達到五十歲；牌坊採用「貞義之門」字樣的女子，事蹟為沒有成婚或與未婚夫因故失散，守節到老。同時，婦人「因子受封」，准予旌表；但「因夫受封」的守節者，不予旌表。

〔註15〕嘉靖事例〔Z〕，北京圖書館古籍珍本叢刊本，北京：書目文獻出版社，1988年。

在這個過程中，題請旌表的人要按法規辦事，不得出現不良行為。如《大明會典》卷五十七的《王國禮》中規定：「萬曆十年議准，宗室中有孝友兼至、及婦女守節貞烈、足以激勵風化者，各具實跡奏聞，以憑覈勘明白，或立坊旌表，或請敕獎諭，或加贈封號。長史教授官並宗儀人等，不許需索抑勒。」也就是說，在旌表過程中的勒索錢財、吃拿卡要等行為，是朝廷所不允許的，旌表不應該給獲旌者帶來負擔。旌表流程的「純潔性」是統治者所提倡的。

對於朝廷來說，旌賞結束就意味著走完了整個旌表流程。但是，對獲旌者而言，還有必要的最後一步，即「謝恩」。如明正統五年（1440），天下大災，朝廷分派重臣前往各地勸諭捐輸，並承諾給與響應的富民予以「義民」的旌表。當時，贛縣百姓呂彥文出谷 6000 多石來充實義倉，被旌表為義民。於是，他在明正統九年（1444）秋天，啟程赴京向朝廷謝恩。〔註 16〕此外，很多獲旌者還把居所的名稱改為「旌義堂」「榮恩堂」「樂義堂」等，用來表示紀念、表達謝恩，並用之教訓子孫。

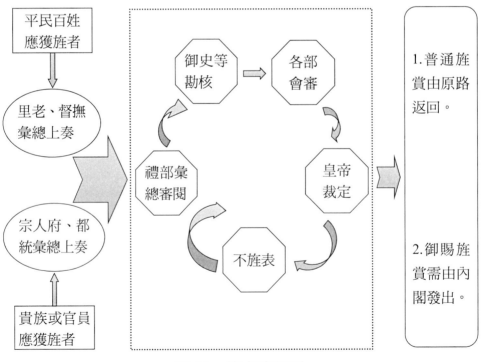

圖 20　旌表流程圖

　　需要注意的是，依據具體的情況，上述程序有時候會發生變動。如為了避免發生地方官員強迫富民申請旌表並從中獲益的事情發生，清朝規定義民可以自行到布政司申請，再由布政司向朝廷彙報，地方官員不可越俎代庖。此外，對於設立義田、義倉和義學等事情，需由百姓本人向本州、本縣府衙進行申請，州、縣備案後仍由申請者本人來負責相關請旌事宜，其他人不得擅自干涉。如果義行涉及的錢糧數額特別巨大，百姓或布政司可以上奏旌表，並遵照「欽定樂善好施字樣」永為程序。這樣，讓旌表在嚴格監督的程序下運作，雖然不能完全杜絕官吏的不良行為，但是在制度與程序上對平民的權益給與了保障。

　　值得注意的是，明清統治者在實施旌表時，還有相應的配套措施。為了讓百姓言行符合統治者所提倡的同時也是旌表所規定的儒家倫理道德，朝廷常常會編纂一些用於勸善、教化的書籍，並命禮部頒行天下。如《明成祖實錄》卷六十九記載，永樂五年（1407）七月，明成祖命解縉等臣子編纂了《古今列女傳》，用來教導、訓諭天下女子。同時，仁孝皇后則命人從《女憲》《女戒》等書中，抽取含義深刻的篇目，編纂《內訓》；從宮內所藏典籍中，選擇儒、道、佛三家的故事和言論編纂《勸善書》等讀物，用來教化女子。之後，明世宗時發布了《女訓》，明神宗時下發了《女鑒》《閨範圖說》等女教讀物。清代則有清世祖御定的《內則衍義》，以及民間為呼應朝廷而編撰的眾多相關讀物流傳。如藍鼎元所作的《女學》，王相母劉氏所作的《女範捷錄》，李晚芳所寫的《女學言行錄》，任啟運所寫的《女教經傳通纂》等書，均在民間得到廣泛傳播。這些教化書籍有意識或無意識地宣揚忠孝、貞烈、借鑒、尚義等觀念，從維護朝廷統治的角度出發，向百姓告知立身處世的言行準則，為民間教化提供了教材和樣本。

（四）旌表有時

　　旌表與時間、時機、時遇密切相關。

　　首先，旌表必須按照朝廷規定的時間來調查和申報。例如，《大明會典》（申時行等重修）中的《到任須知一》對官員的規定：「孝子、順孫、義夫、節婦、境內若干，各開。如前官未明，到任之後，須當日訪以開之。」也就是說，官員赴任的當日，就必須對旌表的情形進行核查，儘量做到心中有數。《清會典》中對旌表的時間做了限定，並同時規定，相關時限以公文到達之日作為標準。所有的材料都要在一定的時限內進行備案，還要進行年終彙總，並隨時由各部行查地方督撫。

表 14 清代旌表時限與進度

時　限	進　度
三月	各部咨查在京都統及駐防將軍都統，登記造冊；各省督撫、學政將簿冊送交各部核准。
四月	核實咨覆，以備存案，在各省呈請。
五月	直隸
六月	奉天、山東、山西、河南、陝西
七月	江蘇、安徽、江西、福建、浙江、湖南、湖北、甘肅
八月	廣東、廣西、四川、雲南、貴州

也就是說，朝廷充分考慮到地方距離京城的遠近，對不同的地區規定了不同的旌表上報以及通知獲旌的時限。對於旌表貞節來講，則是按照常例，每到年末，由禮部分類整理各地申報節孝旌表的材料，上奏皇帝。待皇帝批准後，禮部才能實施對節孝之人的旌表。

當然，錯過時間就肯定得不到旌表了。如萬曆《續朝邑志》卷七《節義志‧上（尚）義》的記載，韓整、余高祖、王孝廉三人響應官府的號召，捐輸了錢糧，但是朝廷已經下詔停止相關旌表舊例，結果，韓、余、王三人無法得到旌賞。也就是說，他們得不到旌表的主要緣由，就是因為錯過了規定的期限。

其次，旌表的審批通過需要恰當的時機。有時候，幸運的民眾剛好碰到官員上報旌表，而且整個流程也順利無比，就能比較快速地獲得旌表。而有些時候，因為官員升遷、尺度變化等因素，本應獲旌者就可能一生都無法得到旌表。如清代的節烈婦女，如果碰到官員執行不力的情況，很有可能錯過旌表時機。在清順治十二年（1655），禮部向皇帝上奏，要求各省督撫、都統、副都統在每年年終上報旌表的名錄。但是，很多主管官員因為種種緣由，沒有嚴格按照禮部的規定執行請旌事宜。結果，從順治十五年（1658）開始到康熙三十五年（1696），各省督撫只是把八旗節烈婦女應得旌表者的統計，在年終上報禮部。這期間，只有康熙十四年（1675）八旗與各省一起年終彙請旌表。同年，朝廷還發布詔令：「凡節婦已經核實到部者，雖病故亦准彙題旌表」〔註17〕，也就是說，很多因為申請年限過長而去世的女子，可以在這年得到補旌。而清朝形成年終彙總，統計八旗滿洲、蒙古、漢軍與直省題請旌表的制度，是直到

〔註17〕清實錄‧聖祖仁皇帝實錄‧卷一三五〔M〕，北京：中華書局，1985 年。

康熙三十五年（1696）才完備的。在這種情形下，從順治十二年（1655）到康熙三十五年（1696）這數十年間的節婦烈女就無法得到旌表。

此外，主管部門以及政策的變化也是很多人無法得到旌表的原因。如康熙三十三年（1694），朝廷規定，對於一產三男的旌表，由禮部核實後，交給戶部上奏，才能照舊例進行旌賞。但是不到兩年，一胎多育的旌表權利就收歸了禮部。康熙三十五年（1696），朝廷再次下詔，對於一產三男的旌表，由各省督撫上奏後，禮部照例發文旌賞，並在年終進行彙總上報。而乾隆二十九年（1764），朝廷則議定，對一產三男的旌表，不要專門上奏，改為諮報禮部的同時，要咨報戶部，除去照舊例發文旌賞外，出於政策簡易的考慮，仍由禮部進行年終彙總與上報。

第三，旌表還有一種可遇不可求、時間戰線很長的情況，就是追旌，也叫補旌。這有兩種情況，一種是追旌本朝符合節義的忠臣、孝子、節婦、烈女等，如乾隆十三年（1748）十一月，湖南桂陽縣、原任河南榮澤縣主簿何應堯的妻子朱氏、生員何應舜的妻子朱氏因在順治四年（1647）「被賊不屈」「守正戕軀」，而得到朝廷的旌表。〔註18〕第二種是追旌前朝前代符合節義的民間偶像。如明代郝騰繼的妻子高氏，遇流寇破城，守貞被害，到了雍正十年（1732）七月，朝廷因其節烈，而對她進行追旌，並給與建坊入祠的旌賞。〔註19〕又如道光五年（1825）十月，朝廷在陝西大荔縣的忠義祠中，入祀元代大臣拜住，以示對拜住的旌表。〔註20〕最遠的追旌對象，大概是宋代的安徽寧國縣知縣趙與禟與縣吏楊義忠。他二人因禦敵陣亡、力盡捐軀在清道光九年（1829）八月獲得旌表，得以入祀忠義祠。〔註21〕

此外，旌表不是一蹴而就的，有時候需要把握時機、多次申請。如明代嘉靖十三年（1534）徽州的鮑燦孝子坊，其豎立過程就費了一番周折。按《歙縣志》的記載，鮑燦自幼苦讀經書，通曉典籍，極有可能在科舉考試中取得好成績。但是，他為了侍奉母親，就自絕於仕途。他的母親在 70 多歲時，兩腳

〔註18〕清實錄・高宗純皇帝實錄・卷三三〇〔M〕，北京：中華書局，1986 年，頁482。

〔註19〕清實錄・世宗憲皇帝實錄・卷一二一〔M〕，北京：中華書局，1985 年，頁596。

〔註20〕清實錄・宣宗成皇帝實錄・卷九〇〔M〕，北京：中華書局，1986 年，頁443。

〔註21〕清實錄・宣宗成皇帝實錄・卷一五九〔M〕，北京：中華書局，1986 年，頁461。

生了疽病。他為此多方求醫，卻不得根治。無奈之下，鮑燦晝夜用嘴吮吸，為母親清除膿血。結果，鮑母多年的病疽竟然用了十六天就痊癒了。這件事被廣泛傳播、影響很大。翰林院編修劉安成為此事作記；御史唐希愷為其堂命名為「誠孝」；名士張君賢為鮑家寫了「懇切一心砭人骨，消磨應口妙通神」的讚美詩章；更令時人羨慕的是，周王朱橚為表其事，書贈鮑家「存愛」二字〔註22〕。眾人都以為，鮑燦得到旌表是很容易的事情。但是，當鮑燦的孫子鮑象賢為其祖父請旌時，卻沒有得到批准。

圖21　明代鮑燦孝子坊

後來，鮑象賢的官越做越大，朝廷恩封他的父親也就是鮑燦的兒子鮑鄣山為御史。但是，鮑鄣山卻悶悶不樂。他認為鮑燦還沒有得到旌表，自己卻得到了封賞，是愧對祖先的，就寫信給鮑象賢：「天地間一罪人，何敢當封！」鮑象賢接到這封信後，覺得可以在禮部趁熱打鐵，就在父親受封後不久，迅速地為祖父請旌。果然，這一次的申請很快得到了朝廷的批准。鮑燦被追贈為兵

〔註22〕羅剛，徽州古牌坊〔M〕，遼寧：遼寧人民出版社，2002年，頁53。

部右侍郎，還得到修建孝子坊的恩賜。而鮑家很重視這份旌表的榮譽，就花費大量人力物力，選購白麻石，用斗拱的技術，為鮑燦修建了一座高約 10 米、寬約 9 米的牌坊。坊頂大書「聖旨」二字，其上還以高浮雕技法刻有獅子滾繡球等圖案。其實，鮑家花費鉅資修建牌坊，不單是為了彰顯榮耀，也是為了紀念旌表的來之不易。

二、明清旌表的方式

　　曾鐵忱在講述明清旌表制度時曾說，在中國旅行時，在城邑鄉村或者郊外墓門前，總能看到古色古香的牌坊或牌樓，這些建築矗立在市聲鼎沸中或蒼煙落照中，都是前代留下的遺物。〔註 23〕這些牌坊或牌樓的背後隱藏著無數百姓或悲或喜的故事。它們由於是皇帝所賜，因此被賦予了極高的榮譽。而由前文所述，可知牌坊或牌樓只是旌表的一種方式，明清作為傳統中國旌表發展的鼎盛階段，旌表的手段是非常多樣的。

（一）建祠堂、立牌坊

　　旌表最顯眼最榮耀的方式是立祠建坊。古人對孝悌、貞節、忠義等行為的旌表，常常會建祠堂、立牌坊。正如日本學者小竹文夫所言：「此類牌坊或牌樓仍由帝王之旌表而建立者，中國素以旌表為維持社會風教上極重要者，為皇帝榮典之一者，不只為歷代所重，即於民間，亦以受旌、建坊為無上之榮焉。」〔註 24〕

　　在用於旌表的各類建築中，最典型的建築物可以說是貞節牌坊了。由《明史》記載，守節婦女可以得到的旌賞有：「大者賜祠祀，次亦樹坊表，烏頭綽楔，照耀井閭。」〔註 25〕由此可知，旌表節婦、烈女最高級別的賞賜是立祠祀；次一等的方式才是建牌坊。當然，旌表的節婦、烈女都是行為卓著，在當地有口碑和影響力的女子。而無論是祠祀還是牌坊，都是十分高大、醒目的建築。如明清所建的牌坊往往高於門頭，門安綽楔，在左右建臺，高至一丈二尺。可見，因獲旌而建坊，在傳統中國是非常榮耀的恩典。而且，旌表是比較公平

〔註 23〕曾鐵忱，婦女風俗考・清代之旌表制度〔M〕，上海：上海文藝出版社，1991年，頁 552。

〔註 24〕（日）小竹文夫著、畢任庸譯，清代旌表考〔J〕，上海：人文月刊，1936 年，（2），頁 1。

〔註 25〕（清）張廷玉撰，明史・卷三〇一・列女傳〔M〕，北京：中華書局，1979 年，頁 7689。

的制度，被旌表的女子不論身份和階層高低，只要能做到數十年如一日的守節，就可得到官方授權建立牌坊的表彰，不論對女子個人還是對供養寡婦的家族而言，都是比較容易做到的事情。

圖 22　清代鮑氏樂善好施坊

　　除去旌表貞節，賑濟饑荒的義民也會得到牌坊。如明弘治四年（1491），蘇、淞等地發生水災，而徽、寧等處則發生旱災。戶部由此下令，軍民中如果有願意捐贈銀兩和糧食的，按照捐贈的多寡，給與冠帶，或者「建坊以表之」。〔註26〕又如嘉靖年間，明世宗規定：在遭災的地區，百姓中如果有捐出 1000 石糧食救濟災民的人，朝廷就給與修建牌坊的旌表（《明世宗實錄》卷三一，嘉靖二年九月甲午）。比較典型的例子是餘杭人董欽的「尚義坊」。在萬曆十六年（1588）前後，因為饑荒，米價漲到一兩八錢銀子。但是，董欽沒有囤糧發國難財，而是捐出 3000 石糧食賑濟災民，於是「三院題旌，奉旨立尚義坊於縣治之東南」。〔註27〕清代徽商鮑淑芳父子則是更加典型的例子。他們在嘉慶

〔註26〕明孝宗實錄〔M〕，臺北：臺灣中央研究院歷史語言研究所影印本，1961 年。
〔註27〕萬曆餘杭縣志〔Z〕，四庫全書存目叢書史部第 210 冊。

十年（1805）洪澤湖與黃淮流域水患嚴重時，帶領商眾共捐米六萬石、麥四萬石救濟災民，還捐銀三百萬兩幫助朝廷修建治水工程，為地方安寧做出了重大貢獻。此外，父子二人還做了不少修建文廟、置辦義田、修橋補路等善事。經由當地的督撫為他們請旌後，皇帝恩准鮑家修建一座「樂善好施坊」。如圖22所示，該坊高11.7米，寬11.82米，為四柱衝天式。牌坊兩面都上書「樂善好施」四個大字，至今依然矗立在歙縣的棠樾石牌坊群中。

（二）賜匾、樹碑

相較於成本較高、耗時較長的建祠堂、立牌坊的旌表方式，小成本、耗時低的賜匾、樹碑更受統治者歡迎。但是，碰到特別感人的事例時，這幾種旌表方式是可以搭配的。如正德年間，瑞州通判姜榮的小妾竇妙善在華林起義軍攻陷瑞州之時，用計保住了丈夫的官印，隨後投井自殺，「郡縣上其事，詔建特祠，賜額貞烈」。〔註28〕對於竇妙善的節烈旌表，除去設立祠堂，還額外賜予「貞烈」的匾額加以彰顯。

圖23　收藏家徐新藏清代「五世同堂」牌匾

與明代相比，清代統治者更喜歡賜匾的表彰方式。他們經常賜予五代同居且家中有百歲老人的家族各類字樣的匾額，如「期頤聚順」「貞世延祺」「頤齡衍慶」「頤壽鍾祥」「頤登世衍」「期頤偕老」「保赤鍾祥」等。當然，清代的賜匾也往往屬於錦上添花的行為。如道光三年（1823），江西省吉水縣長壽婦女涂毛氏的年齡到達百歲，並且親見七代、五世同堂。朝廷照例賞銀三十兩，令她家自行建坊，在賞給「貞壽之門」字樣的同時，還賜下「七葉衍祥」的匾

〔註28〕（清）張廷玉等撰，明史・卷三百一・列女傳〔M〕，北京：中華書局，1979年，頁7709。

額。又如光緒三年（1877），吏部左侍郎恩承的母親許氏年滿百歲，除去按舊例由禮部進行旌賞外，皇帝為示殊榮，還特加恩賞，令南書房翰林書寫匾額一方賜給許氏。

明代對於義民的旌表，常採用樹碑、立石的方式。如天順年間，明英宗在貴州缺糧時，就令湖廣地區的布政司勸諭捐輸，並規定了對義民的旌表標準：對捐輸 100 石的軍民給與冠帶，並同時發敕文旌表；對捐輸 50 石的軍民發敕文旌表；對捐輸 30 石的軍民給與「立石題名」的旌表。〔註29〕

（三）旌表門閭

旌表門閭可以說是最古老的旌表方式了，歷朝歷代一直在使用，明清自然也不例外。如《大明令・戶令》中明文規定：對於民間三十歲以前喪夫，守節至五十歲以後的女子，給與「旌表門閭」的賞賜。

這種旌表方式還有「表門」「旌其門」等表述方式。如《明武宗實錄》卷五六中的記載，正德四年（1509）十月癸卯，朝廷對武昌、漢陽等地的富民的旌賞標準做了規定：捐輸米糧 200 石到 900 石的百姓，可授予散官；捐出 600 石到 900 石糧食的百姓，分四個等級來立石刻名；捐出 1000 石糧食的百姓，可得到「表門」的旌賞。由此可見，「表門」的旌表級別要高於「得授散官」和「立石刻名」。

這種旌表方式有時候會單獨使用，如《明史》記載：「崇禎間，則有應天王之卿，故城李華先，仁和沈尚志，江西王之範，福建吳宗烜，山東硃文龍，忻州趙裕心，稷山舉人史宗禹，淳化高起鳳，雲南趙文宿。又有王宅中、任萬庫、武世捷、孔維章、浦某、褚咸、孫良輔等，不詳邑里。皆以孝行旌其門。」〔註30〕

當然，旌表門閭的方式也常常會和其他的旌賞方式相配合。如明太祖年間，劉孝婦侍奉婆婆盡心竭力。婆婆病重，她便割自己的肉給婆婆吃。朱元璋知道這件事後，就派遣使者賜給劉孝婦 20 錠大明寶鈔，1 套衣服，還免除了她家的徭役，並且「旌門閭。」〔註31〕又如《清史稿》中所記載的對鍾保的

〔註29〕明英宗實錄・卷二八九〔M〕，臺北：臺灣中央研究院歷史語言研究所影印本，1961 年，天順二年三月丁巳。

〔註30〕（清）張廷玉等撰，明史・卷二九六・孝義傳〔M〕，北京：中華書局，1979年，頁 7582。

〔註31〕（清）張廷玉等撰，明史・卷三百零一・列女傳一〔M〕，北京：中華書局，1974 年，頁 7691。

旌表，因其「以父老，力勸請休奉養。康熙間，自刑部筆帖式累遷刑部郎中，居父喪哀慟，水漿不入口。事母尤謹，歸必侍母側。兄蕩產，撫其孤，祖遺田宅悉推與之。弟貧，周之甚力。」在雍正二年（1724），鍾保得到賞賜，「舉孝子，賜金，旌其門。」在這個案例裏，獎賞手段就是旌表門閭與賞賜黃金的方式相結合，表明了統治者在旌賞時，會考慮到被旌者的生活實際。

（四）免除徭役

免除獲旌者的徭役是旌表中比較常見的做法。在《大明令・戶令》中就明文規定：「凡民間寡婦，二十以前夫亡守志，五十以後不改節者，……除免本家差役。」

事實上，免除徭役是比較受歡迎的做法。因為明清徭役對百姓而言，是負擔重且承役苦的。明代不僅有督促完糧、傳達詔令等經常性的徭役（或者說職役），還有砍薪、抬柴、運料等非職役以外的雜役，另外還設有工役、匠役等。常見的差役項目如廚役、草料、厲紙、禁子、斗級、鋪司等就有數十種。清代的徭役情況也未有多少好轉，差派徭役本來已經按地畝攤入，但是地方在遇到較大的徭役時，依然用種種藉口向百姓臨時攤派，形成「差外之差」。由於歷時日久，竟然形成定例。更因沒有統一標準，而讓百姓覺得十分苦累。〔註32〕因此，統治者用免除徭役這一旌表方式，能對平民起到較大的激勵作用。

此外，朝廷對於義民等已經為國家付出一定財物的獲旌者的賞賜，也多用到免除徭役這種方式。如嘉靖年間，明世宗規定：在遭災的地區，有借給官府銀兩的百姓，朝廷會給與登記，並在豐年增加利息，償還他們。如果他們不要利息，就按照近例，以利息銀兩多寡來進行旌表。對於利錢超過 20 兩銀子的，就授予冠帶，並旌表為義民；對於超過 30 兩銀子的，就授予正九品散官；對於超過 40 兩銀子的，就授予正八品散官；對於超過 50 兩銀子的，就授予正七品散官；對上述各類義民，「各免本身雜差」。〔註33〕依照這項規定，凡是在遭災地區捐銀應得利息超過 20 兩的百姓，都能得到免去差役的旌賞。又如明嘉靖十一年（1532），畿輔地區遭遇荒年，糧食欠收使得很多百姓饑腸轆轆，很多老人因體弱甚至無法走到朝廷的賑濟點。在對實際情況作出考察後，皇帝命令，對當地富民不一定要勸諭捐輸，而是令他們就近收養老弱病殘和無法領

〔註32〕孫翊剛，王文素，中國財政史〔M〕，北京：中國社會科學出版社，2007 年，頁 259～303。

〔註33〕明世宗實錄・卷三一〔M〕，嘉靖二年九月甲午。

取賑米的鄉鄰，依據收養數量的多少來折算或免除富民的徭役。〔註34〕

（五）賞賜財物

旌表賞賜的財物可分為兩類：一是金、銀、鈔、銅錢等可流通的貨幣；二是非貨幣性的實物。這種實物也可分為兩種：一是滿足生存需要的米、鹽、布等生活必需品；二是如意、荷包、錦緞等非生活必需品。

朝廷之所以發放財物，很重要的一個原因是為了解決獲旌者的經濟困難。對於缺少供給的老人、節婦等，朝廷會經常給予他們粟帛、衣服、鈔等。如明太祖朱元璋為了鼓勵陣亡官兵的妻女守節，對「願守節者，則給以薪米比常例倍之」，對於其中更困苦的，「守節無依者，月給米六斗終身」〔註35〕。這對解決陣亡軍士妻女的生活問題很有幫助，同時也給基層社會帶來鼓勵守節的示範性影響。其次，旌表之物也具有實用價值。如原任興漢鎮總兵金梁的母親楊氏在乾隆三十七年（1772）年滿百歲，她不但得到御筆匾額和六匹錦緞，還得到皇帝賜下的貂皮十張。朝廷此舉，就是為了讓老人家保暖之用。

在旌表的賞賜中，有的賜物就是一種彰顯物，如翰林院檢討銜謝啟柞在乾隆六十年（1795）年滿102歲，且居於五世同堂之家。他得到的旌賞有加賞編修銜，照舊例修建牌坊一座，御書匾額一方，以及大荷包一對、小荷包四個。朝廷這種情況下賞賜的荷包，與賞賜花翎等物的意義一樣，都是旌顯的作用更大於經濟作用。又如兵部尚書銜何汝霖的母親丁氏在道光二十七年（1847）年滿九十歲，親見七代，五世同堂。朝廷為示恩渥，除加恩特賜匾額一面，「福」「壽」字各一方外，還賜下如意一柄、大卷江袖四匹、大卷絲緞四匹。〔註36〕可想而知，丁氏穿上旌表的錦緞製作的衣服，會感到多麼的榮耀。

（六）賞賜御書

如果所有的表彰或旌表，都是給銀建坊或者樹碑刻石，會給國家財政帶來巨大負擔。所以，明清統治者經過權衡，開始用賜詩或賜字的方式進行旌表。

在明清賞賜御書的旌表中，最儉約的案例出現在明太祖時期。《明史·孝義傳》記載了一個「弟代兄死」的事件：劉文煥的哥哥因為運糧延期了，論罪當死，劉文煥便請求以己代兄死，「叩頭流血」，有司上其狀後，皇帝寬免了他，

〔註34〕明世宗實錄·卷一三五〔M〕，嘉靖十一年二月戊申。

〔註35〕（明）申時行，大明會典·卷一百二十二·優給〔M〕，北京：中華書局萬有文庫本，1988年，頁627。

〔註36〕清會典事例·卷四〇五〔M〕，北京：中華書局，1991年，頁544。

但是他的哥哥已經被處死了。明太祖朱元璋為了旌表他對悌道的踐行，就特「書『義民』二字獎之」。〔註37〕

　　賞賜御書在清代比較常見的時期是乾隆朝。乾隆十一年（1746），湖北江夏縣湯雲山一百四十一歲時，第二次獲得旌表。除去按舊例得到的賞銀外，他又得到上用錦緞五匹、白銀五十兩的加賞，並得到朝廷特賜的匾額「再閱古稀」。更難得的是，他得到了乾隆皇帝的一首御製詩：「常見六星輝楚地，曾無一字獻彤楓。老翁真是仙而隱，舉世應推壽縣雄。釁鑠他年將比寶，春秋此日已逾種。生平無病不知藥，毫奎有時還似童。合宅孫曾凡幾閱，一心念慮若為空。漢陽草樹連天碧，彷彿猶存太古風。」〔註38〕但是，湯雲山還不是單次得到御書最多的人。

　　乾隆十二年（1747），原內務府總管丁皂保〔註39〕年滿百歲時，不僅得到了朝服、錦緞以及大量白銀的賞賜，更得到了皇帝的御詩二章。其一是：「舊日春卿貳，清時萬石君。目光猶奕奕，衷赤尚勤勤。樂易故應爾，忠良眾所聞。泰平無戰閥，馬援漫從軍。」其二是：「未解彭佺術，曾將灌絳齊。林泉應樂齒，珂馬尚聞雞。菊水無須井，丹霞自有梯。所期職植眾，難老總眉梨。」之後，在旌表長壽老人時，御賜詩文成為一種定例。《清會典》中規定，對於民間侍奉過祖父又擁有玄孫的「親見七代」的女子，要「造冊送部核題」，還要依據旌表長壽男子的常例進行旌賞，同時「其於常例外，奉旨賞給御製詩章、匾額、緞匹。」〔註40〕

　　此後，乾隆二十四年（1759）、乾隆四十九年（1784）、乾隆五十三年（1788）及乾隆五十四年（1789），皇帝給與累世同居家族的旌賞也都是詩詞。在雍正十年（1732）以後，皇帝還經常特賜「世篤仁風」「敦本厚俗」「敦睦可風」「義睦傳家」「敦睦傳家」「義門敦族」「聚順延祺」等御書對累世同居之家進行旌表。

　　由於御書或敕書讓獲旌者感到非常榮耀，所以它們經常會得到很好的保存。明詩《題廬陵義民陳勘讓榮恩堂卷》就描述了獲旌者的收藏之舉：「褒典

〔註37〕（清）張廷玉等撰，明史・卷二九七・孝義傳〔M〕，北京：中華書局，1979年，頁7591。

〔註38〕皇朝文獻通考・卷七六〔M〕，清文淵閣四庫全書本，1983年，頁813。

〔註39〕《大清會典則例》《清文獻通考》《諭行旗務奏議》中記載為「丁皂保」，而《清通典》等文獻中作「丁阜保」。本研究中採用「丁皂保」。

〔註40〕清會典・卷三〇〔M〕，北京：中華書局，1991年，頁255。

新煩三使節，璽書遙下九重宮。堂中常見迎蕃祉，耿耿龍光夜燭虹。」〔註41〕

其實，清明統治階層在實施旌表時，不會只採用一種手段。為了充分達到教化的作用，多數情況下是上述旌表方式的排列組合。如對高壽老人的旌表，不僅給予賜銀建坊，而且給與很多老人御製的詩詞歌賦、匾額、緞匹等，對本身有官員身份的獲旌者還會給與加賞職銜等賞賜。朝廷對於義民義行的表彰也不僅僅限於賞賜「樂善好施」「急公好義」的匾額，往往還給予加賞緞匹、賜予花翎等具有象徵性的榮譽，甚至給予建坊的旌賞。此外，在旌表百歲老人時，朝廷還常常會賞給朝服、頂戴，甚至賜予官職，如嘉慶二年（1737），百姓婁士奎超過百歲，除按常例得到旌表賞賜外，又得到了御製詩章、匾額，更重要的是他被皇帝加恩賞給六品頂戴。總之，統治者會依據具體情況，給與獲旌者不同的旌賞。

由上述可知，由於統治階層的重視，明清旌表在法典和詔令中都佔有一席之地，具有比較嚴格的流程和審批程序，並配套有相對多樣的旌賞方式。

旌表實施的對象，必須有真實的相關行為。其行為必須在符合傳統道德的前提下，滿足朝廷的相關規定。對於符合旌表的相關人等，視其出身的不同，分別由親王、宗人府或者里老、地方官為其請旌，特殊情況下，也可由本人為自己請旌。但是，要符合朝廷的申請時間。禮部、戶部等部門在接到旌表的申請後，必須進行核查。對於比較複雜的旌表案例，還需要幾個部門聯合會審，來確定是否應該旌表。最後的確定結果還要上報皇帝，由王朝的最高統治者做最終裁決。在旌表得到審批後，獲旌者可以得到相應的賞賜，還必須對朝廷或帝王表示謝恩。

在整個旌表流程中，如果請旌人能很好地把握政策的機遇，或者民間德行出眾者能碰到比較好的政策時機，獲得旌表的概率就會大大增加。

旌表的主要形式有建祠堂、立牌坊、賜匾額、樹碑刻石、免除徭役、賞賜財物、賞賜御書等。這些方法很少單獨被使用，朝廷常常會依據獲旌者的行為實跡、影響大小來把這些方法組合後再實施旌表。普遍而言，花費最高的旌表方式是建祠堂和豎牌坊。為了節約旌賞成本，統治者有時只以賜字作為表彰。當然，其中蘊含的榮譽是不能用物質來衡量的。

〔註41〕馬愉，馬學士文集〔M〕，四庫全書存目叢書別集部第32冊。

第四章　明清旌表的支出費用

　　某種制度或某個程序的運行，必然會產生成本，旌表也不例外。同時，由於傳統中國的財政和經濟具有鮮明的權力主導特色，所以社會的經濟活動和政策的成本費用無不受制於傳統的專制政權。有學者認為，只有對古代中國的相關政策有充分暸解和嚴密分析，才能更深刻地理解中國古代的社會經濟。由此可知，明清旌表的費用成本與旌表政策有密切關係，是直接受制於相關政令的。

　　此外，明清在財政制度上是極其相似的。清代在制定相關政策時，往往是「以舊冊為底本，以新例為參考」〔註 1〕。如清代的《賦役全書》，照抄明代的痕跡就非常明顯。因此，在討論明清旌表的費用時，在一些問題上可以通盤考量。

一、國家支出

　　由於傳統中國社會是一個「家天下」的社會，所以清明統治者必須為自己的家，也就是整個國家付出教化的成本。這種成本的付出，會受到國家財政、社會經濟的影響。

　　整體而言，由於「重農抑商」的政策的實施，民間工商業受到極大壓制，明清經濟是處於遲滯狀態的。〔註 2〕特別是從明代一直延續到清代的「派買」政策，讓民間工商業在「鋪戶當官」的情形下，只能拿著官府的出票，而無法索回被強行拿走的貨物，這使得國家經濟態勢是每況愈下。明初以後的經濟增長率一路走低，就是明證。

〔註 1〕《清經世文編・卷三十一・戶政六》和《皇清奏議・卷二》有同樣的記述。
〔註 2〕劉婷，論明清經濟發展的遲滯〔J〕，甘肅：社科縱橫，2013 年，(12)。

表 15　明代經濟增長率〔註3〕

分　期	時　間	增長率	增長加速率
前期	1402～1449	0.410	[（0.382-0.410）／0.410] 下亦同
中期（以一條鞭法為界）	1450～1581	0.382	-0.068
後期	1582～1626	-0.098	-0.743

　　此外，清代的土地兼併情況非常嚴重，到乾隆、嘉慶時，因貪污而進一步加劇。同時，清代的地租也十分苛重，基本在 50%左右，使得清代的經濟情況不容樂觀。而乾、嘉之後，由於白銀大量流出國門，整個清朝的經濟狀況更是江河日下。

　　但是，必要的國家支出，如軍費支出、皇室支出、俸餉支出、學校費用以及律法明確規定了的旌表的賞賜，是無法避免的。

（一）常例支出

　　明清經濟的整體上走低的情勢，並不影響旌表政策在旌賞時的支出。明清兩朝都從法律層面對獲旌者應得的賞賜予以了規定。

　　《大明會典》（申時行等重修）中的《旌表》章有 16 條法規，其中涉及物質獎賞規定的條例有 2 條，涵蓋貞烈碑、銀兩、絹、帛、米、肉等明確的支出規定。這意味著，但凡有同類的旌表，朝廷或官員必須給與獲旌者相應的待遇。清代的相關條例則更為細緻。如對於按律應得旌表的人，固倫公主、親王福晉這個級別是給銀一百兩，緞十六匹；和碩公主、親王世子福晉這個級別是給銀九十兩，緞十四匹……到了八旗官兵的妻女以及各省的民婦、民女這一階層則只賞銀三十兩，不給緞。以旌表貞節為例，依據董家遵《歷代節婦烈女的統計》中的數據，明代有節婦烈女 30829 名，清代有 12323 名。雖然這些人不是都能得到旌表，但是把貴族女性獲旌所得、皇帝額外賞賜以及建築牌坊的銀兩平攤到未被旌表的女子身上，按每人 30 兩銀子算，明代大概為之支付 924870 兩銀子，而清代大概為之支付 369690 兩銀子，這還不包括匾額、樹碑、免除徭役等帶來的成本。

　　由上述賞賜的標準，考慮到前文所述對累世同居、孝子順孫以及百歲老人等的旌賞費用，再乘以龐大的明清旌表人數，可想而知，朝廷在這一塊的支

〔註 3〕相關數據來自清華大學中國與世界經濟研究中心（CCWE）的研究報告中《明代 GDP 試探》一文。

出有多大。更重要的原因是，對朝廷而言，軍費、皇室體面、農耕水利等支出是必要的，旌表的支出相對而言沒那麼必要。對於「可有可無」的支出，無論多少，都會讓統治者從心理上覺得過多。

此外，碰到災荒之年，朝廷無錢可用時，常常對付出大筆錢糧的士紳給與「樂善好施」「急公好義」等的旌表，其實恰恰反映了國庫的空虛。特別是朝廷出現財政赤字的時候，單例旌表的賞賜雖然不是很多，但是由於旌表已成定例，獲旌人員每年都有一定數量，單位支出乘以單位數量，朝廷在旌表方面的支出就不是一筆小數目了。

對旌賞影響更重要的一個原因就是國家財政了。依照邊俊傑在《明代的財政制度變遷》一書中的觀點，明中葉以後，國家財政的審計監督逐漸敗壞，財政制度進入崩潰階段。到了明朝後期，相關財政制度可謂名存實亡。〔註4〕與之相對應的是，此時對義民旌表的標準開始提升。如《明武宗實錄》卷五六記載的正德四年（1509）十月癸卯的標準是：武昌、漢陽等地的富商大姓，如果能出米千石以上者，就會得到「表門」的旌賞。但是到了萬曆十年（1582）以後，如《明神宗實錄》卷一七六所記載的萬曆十四年（1586）七月乙卯的旌賞，就對輸粟千石以上的義民，給與「建坊旌表」的賞賜了。從「表門」到「建坊」，不僅反映了朝廷對義行的鼓勵，而且反映了國家財政的赤字狀況。與此相呼應的，自然是在旌表其他方面的「儉省」。如永樂年間，還能見到對孝子「米十石、鈔二百錠，旌表其門」〔註5〕的賞賜。而到了萬曆年間，即使是為了救母、血戰而亡的兄弟倆，得到的旌表也不過是「雙孝之門」的稱號〔註6〕，在相關史料中沒有找到任何關於賞賜財物、賜匾的記錄，更別說建祠立坊之類的旌賞了。可見，在國家財政出現問題時，旌表中的常例賞賜，往往得不到順利的落實。

（二）特例支出

在按常例支出的同時，統治者還常常因為獲旌者的特殊情況，而給與額外的賞賜，也就是旌表的特例支出。如明太祖年間，劉孝婦因刲肉給婆婆吃，

〔註4〕邊俊傑，明代的財政制度變遷〔M〕，北京：經濟管理出版社，2011年，頁112～121。

〔註5〕（清）張廷玉等撰，明史·卷二九六·孝義傳〔M〕，北京：中華書局，1979年，頁7594。

〔註6〕（清）張廷玉等撰，明史·卷二九七·孝義傳〔M〕，北京：中華書局，1979年，頁7619。

得到「鈔二十錠」〔註7〕的賞賜。明初的鈔在貶值前，還是比較值錢的。按《大明會典》中《給賜一》的《纂修》篇記載，「鈔二十錠」是給辦事吏典、各色人匠等的賞賜。還有一個參考案例在永樂二十二年（1424）正月，明成祖朱棣第五次北征時，下詔給從征官軍確定賞格，其中第一等的賞賜就是：一品、二品鈔二十錠。也就是說，在明代統治者看來，類似「鈔二十錠」這樣的旌賞已經不薄了。此外，為了安撫軍心，安定戰爭的大後方，對於在戰役中陣亡的軍士的守節妻女，明太祖下令「給以薪米比常例倍之」〔註8〕。也就是說，這類人群得到的固定旌賞，比常人多出一倍。

隨著明初經濟的好轉，朱元璋的後人在旌表時，就更加大方了。如明英宗時期，周敖得知皇帝出事後，「七日不食」，以死殉君。他有個兒子叫周路，還是個學生，「聞父死，慟哭歸奔，以頭觸庭槐亦死，鄉人異之，聞於州，知州躬臨其喪」。作為聞喪殞命的代表之一，周家得到了「賜麥子四十斛，白金一斤」的特例旌賞。〔註9〕此外，還有賞賜更多的案例。《明史》的《列傳第五》在《諸王二》中就記載了這樣一個旌表實例：明萬曆年間，憲王王妃方氏碰到寧夏反賊，就把孩子藏在地窖，然後自盡。後來，朝廷平賊後，御史劉芳譽就上奏，認為「諸宗死節者俱應恤錄，方妃宜建祠旌表。」於是，「詔從之，給銀一萬五千兩，分振諸宗人。」

清代的特例旌賞的事情就更多了，往往出現於對長壽老人的旌表中。如朝廷在道光四年（1824）題准：福建省永定縣壽民胡綸美與其妻徐氏都年屆103歲，夫婦親見八代，五世同堂。照例，朝廷給了銀子三十兩，命其自行修建牌坊。此外，相關執行官員還奉旨：再加恩各賞給上用緞一匹、銀十兩。

對於長壽老人，還有兩次予以旌表的情形出現。如前文所講的湖北江夏縣民湯雲山，在一百四十一歲時獲得第二次旌表。其實，他在乾隆元年（1736）年屆一百三十一歲時就獲得過旌表。當時，朝廷按照加倍賞賜的先例，在給他坊銀三十兩外，又加了三倍賞賜，共賜給湯雲山白銀一百二十兩。與此同時，乾隆帝又加賞了上用緞匹，另給銀四十兩。這種對長壽老人的優待在清朝是時

〔註7〕（清）張廷玉等撰，明史・卷三百零一・列女傳一〔M〕北京：中華書局，1974年，頁 7691。

〔註8〕（明）申時行，大明會典・卷一百二十二・優給〔M〕，北京：中華書局萬有文庫本，1988 年，頁 627。

〔註9〕（清）張廷玉等撰，明史・卷二九七・孝義傳〔M〕，北京：中華書局，1979年，頁 7599。

常可見的。即使到了宣統二年（1910），對百歲老人仍給予特例旌表。如「雲南壽婦潘程氏一百二十一歲，五世同堂，照例賞給銀十兩，緞一匹，並於例賞建坊銀外，加恩多賞兩倍，再行加賞御書匾額一方。」〔註10〕這些賞賜都比不上乾隆十二年（1747）京城的丁皂保所得。他獲旌後，得到的賞賜是「期頤國瑞」匾額一面、朝服一件、上用緞十匹、白銀一千兩。〔註11〕終清一代，對百歲老人的特例旌表，還沒有超越丁皂保的。

但是這種特例旌賞隨著國家支出的增多也慢慢地少了下來。在乾隆四十五年（1780），朝廷旌表了年逾百歲的老人七名，對100歲的四川馬曾氏給與御賜匾額和上用緞四匹、貂皮六張的賞賜，對同樣是100歲的福建郭鍾岳是「賞給進士」的旌表，但是對浙江魯文元、朱敬升、楊遇春，福建的鄭邱氏、張楊氏這五位全都超過100歲的老人，給的旌賞都是上用緞一匹和銀十兩。〔註12〕之後，「銀十兩、緞一匹」便成為清代旌表高年的常例賞賜，只有嘉慶十四年（1809）的142歲的廣西老人藍祥破例，其他的如嘉慶十一年（1806）的張敖、道光元年（1821）的朱善庵、郭吳氏等人都是按常例得到的旌賞。可見，旌表的常例和特例並不是一成不變的，而是可以相互轉換的，並且朝廷會酌情考慮具體的事例後再確定旌賞。

（三）國家支出的弊端

由前文所述，可知朝廷無論在常例旌表還是特例旌表的支出方面，都必須付出一筆不低的費用。由於明清統治者主觀上具有利用孝行旌孝、貞節旌表等來維護家庭、家族、社會、國家穩定的意識，並且為之付出了行動，出臺了大量的政策，使旌表觀念隨著歷史的發展不斷得到強化，這就從客觀上促進了獲旌者數量的增加，並進而使得國家在相關方面的財政支出比例不斷加大。這樣做的結果，在一定的程度上導致了旌表的功能無可避免地不斷弱化下去。如前文所述明代孝行旌表從永樂年間到萬曆年間的賞賜變化就是例證。清代也出現了相似的狀況。

以貞節旌表為例，由於旌表人數的增多導致的相關成本的激增，朝廷便

〔註10〕宣統政紀・卷四一〔M〕，北京：中華書局，1987年，頁729。
〔註11〕周榮，明清社會保障制度與兩湖基層社會〔M〕，武漢：武漢大學出版社，2006年，頁72。
〔註12〕周榮，明清社會保障制度與兩湖基層社會〔M〕，武漢：武漢大學出版社，2006年，頁70～74。

不願繼續為之支付下去了。於是，在乾隆十四年（1749），江蘇巡撫雅爾哈善率先提出削減建議。他認為，考慮到「各省具題不過覈其例相符，遴請建坊崇祀」的現象，最好將貞節旌表分為尋常守節與「奇節卓特」而給予不同的表彰：「果係節而兼孝，或能教子成立，或貧無依倚，艱苦自守，或毀形自矢，百折不回。凡此卓卓奇節，著於閭閻，非尋常可比者，應於彙題時聲明請旨，特賜建坊，祠內照例標題設位致祭；其餘循分守節以老者，准其附入彙題，書姓氏於總坊，設位祠中，不必更給坊銀。」雅爾哈善的上奏出發點是「坊銀」。他的言外之意還是認為循分守節者過多，造成國家的錢糧在旌表方面的支出過大。這一點乾隆皇帝心知肚明，他說「雅爾哈善所奏是猶未免為節省錢糧起見」〔註13〕。這句話的語氣，明顯傳達出皇帝不肯正面給與否認的意味。

乾隆帝認為，這件事情的根源在於「核實」，如果核准的話，會讓「庸庸者」不能擠佔應當旌表的名額。臣子們要從思想上明確：「節婦當旌而不被旌者，亦非謂其不必守節也。」但是，江蘇一省一年旌表二百餘人，把這些人「俱令設位祠中」，結果會導致「日久濫觴，將無地可容。豈所謂稱盛典耶？」此外，皇帝進一步指出：「如名宦鄉賢其克當之無愧者，代有幾人而題請崇祀，不一而足，無非督撫及該地方鄉紳，欲為他日自身計，未問其人之名實相副與否，即幸而贓私不致敗露，亦難掩後人耳。」〔註14〕

雖然找了很多的理由，但乾隆皇帝最後還是聽取了雅爾哈善的建議。他規定：「如係夫亡守志，舅姑年老無倚，婦兼子職，奉養終身；或宗祧所繫，藐孤煢子，撫育有成，以綿嗣續；或外迫強暴，毀形見志，事近捐軀，終保貞潔；或境處單微，甘心荼蓼，飢寒並迫，秉節德堅。如斯之類，孝節兼全，阨窮堪憫，允宜亟為表彰，具結詳報。督撫學臣，秉公確查，……至於尋常守節者，原有表閭之例，令地方官於本家呈報時，覈其年例，詳明督撫學臣，酌量給匾嘉獎，附疏彙題。仍於祠內官為立石，候身沒之後鐫工，以免湮沒，毋庸建坊祠祀。」〔註15〕並同時規定：八旗節孝，也按照江蘇的例子統一辦理。乾隆十五年（1750），朝廷更在這個基礎上進一步規定，「尋常守節之節婦，於題准後，照『欽定清標彤管』字樣，給予匾額。」自此以後，普通的守節女子若獲得旌表，得到的獎賞方式只是在節孝祠內統一建碑、鐫刻姓氏，不再得到

〔註13〕八旗通志・典禮志十一〔M〕，清文淵閣四庫全書本，1983 年，頁 979。

〔註14〕八旗通志・典禮志十一〔M〕，清文淵閣四庫全書本，1983 年，頁 979。

〔註15〕清會典事例・卷四〇三〔M〕，北京：中華書局，1991 年，頁 509。

單獨撥銀建坊的待遇了。

　　這樣的結果在當時的戶部官員看來，是預料之中的。按照中國社會科學院經濟研究所的「戶部銀庫類」的黃冊抄檔整理統計，第 15 冊的類別為「大出，乾隆朝」，內含黃冊年份為乾隆九年、乾隆十四年、乾隆十五年、乾隆十七年〔註 16〕，剛好包括了上述旌表政策的出臺年份。值得注意的是，乾隆朝的銀庫庫存是清代最高的一段時期〔註 17〕。可想而知，其他時期能用於旌表的國家支出情形是不大樂觀的。

　　由此可見，雖然旌表在國家層面的弊端可能出現在請旌人選的確定、旌表程序的繁瑣等方面，但最根本的決定因素還在於國家財政的收入多寡和支出政策。

二、地方支出

　　對符合傳統道德的人進行表彰，直接改良的是鄉里或者地方的道德風氣。所以，旌表的獎勵不僅僅是朝廷的事，地方政府也要有所付出。此外，在官方支出不足或者保障不到位的情況下，地方的鄉紳、士子等人也會出錢出力，為女子守貞而建立「清節堂」、為贍養老人建立「孤貧堂」等。這些地方人士的善舉，也付出了大量的金錢、精力和時間，也為同鄉獲得旌表支付了大量的費用。

（一）旌表支出參照物

　　明清的物價因為戰爭、災荒、供需等因素，是時時在變化的，很難做出直觀的描述。為了對旌表的賞賜有一個基本參照，本研究把相對固定的官員收入以及部分記入史料的物價作為旌賞的對照。

　　事實上，明代的官員俸祿不只有銀兩，在嘉靖以前，官員的俸祿實行折色制度，也就是俸祿的一部分發銀子，另一部分發實物，但是這個實物與今天的福利不同，它還是按照官員薪資標準來折算的。明代官俸常見的是米、麥折俸，有時還用調味的胡椒、染色的蘇木等折俸，甚至在發俸祿時直接發絹布。直到明嘉靖、萬曆以後，由於白銀的流通越來越廣，並且作為貨幣的使用率日

〔註16〕史志宏，清代戶部銀庫收支和庫存統計〔M〕，福建：福建人民出版社，2005年，頁 21。

〔註17〕史志宏，清代戶部銀庫收支和庫存統計〔M〕，福建：福建人民出版社，2005年，頁 105。

趨穩定，朝廷才把官員的俸祿改成了折銀。這種方式為後來的清朝所沿襲。

由實物的價格與俸銀的關係，可知明代的物價基本能反映銀子的價值。按照《萬曆會計錄》的記載，粳米每石曾折銀 1 兩，糯米大概每石折銀 1.1 兩；按照《宛署雜記》的記載，白米每石折銀 0.8 兩，五穀每石折銀 0.6 兩；按照《大明會典》卷二一七《光祿寺》的記載，細粟米曾經每石折銀 1 兩，豬一口是折銀 5 兩；按照《工部廠庫須知》的記載，香油每斤大約是 0.028 兩，小麥每石是 0.7 兩。依照《大明會典》中《廩祿二》的《俸給》規定：正一品一年的俸祿是一千零四十四石，從一品是八百八十八石，……正七品是九十石，從七品是八十四石。清人趙翼的《廿二史劄記》中《明官俸最薄條》記述道：「明成祖遷都北京後，以漕運不便，百官俸米，皆另赴南京關支，惟英國公張輔，以功大許北京支領。其百官俸米，領票後賣於商人赴領，每十石只直銀一二兩」。〔註18〕粗略地換算後，明代正一品的俸祿也就在 230 兩左右。

依據前文所述，明萬曆年間要得到「建坊旌表」的起步標準是一千石粟米，也就是說萬曆年間的百姓要想得到旌表的基礎要求是家資超過 1000 兩白銀。而前文所述的餘杭人董欽能在萬曆十六年得到「三院題旌」並且建立「尚義坊」的旌賞〔註19〕，其緣由也就更易理解了。當時的米價是一兩八錢，董欽等於捐出 4500 兩白銀。換句話說，他為正一品的官員支付了近 20 年的薪酬。

類似的情形也出現在了清朝。按照《大清會典》中「在京文職」的「俸餉」規定，官員俸祿為：一品歲支銀一百八十兩，二品一百五十兩，三品一百三十兩，四品一百五兩，五品八十兩，六品六十兩，七品四十五兩……。而按照《大清會典》中的《會計司》的記載，一等皇莊十石糧折銀二兩，熱河倉雜糧三十三石折銀四十兩……。《大清會典則例》中的《內務府》中還記載了羊一隻可折銀一兩……。與此同時，和明代類似，清代要得到建坊的義民標準，也得 1000 兩白銀。〔註20〕換算下來，百姓要獲得旌表，大概得有超出 5000 石糧食或者 1000 頭羊的家底。如嘉慶八年（1803），壽州旱災嚴重，地方士紳孫蟠與他的侄子孫克任共同捐銀一萬六千餘兩，簡單換算後，大概是 13200 石雜糧，足夠為正一品官支付 88 年薪水了。

〔註18〕趙翼，廿二史劄記〔M〕，江蘇：江蘇古籍出版社，1988 年。
〔註19〕萬曆餘杭縣志〔Z〕，四庫全書存目叢書史部第 210 冊。
〔註20〕清會典事例・卷四〇三〔M〕，中華書局，1991 年，頁 498。

事實上，孫家在此之前的乾隆五十一年（1786）、乾隆五十八年（1793）和嘉慶五年（1800），已然三次捐銀，加上這一次，共計捐銀近四萬兩。乾隆五十一年（1786），米價很貴，大約每石五千錢，也就是大概五兩銀子；乾隆五十八年（1793），米價每石連年都在五六千錢，也就是五六兩銀子左右的價位〔註21〕。按最低價五兩銀子計算，孫家為了取得旌表付出的代價最少是 8000 石的米糧。而孫蟠卻沒有明代的董欽那麼幸運，能夠建立牌坊，他得到的旌表是：「就近頒給匾額外，另加賞大緞二匹」〔註22〕。也就是說，除去朝廷下撥的旌賞孫家的錦緞二匹，地方官府在這一次的義民旌表中，支出的成本就是一面「樂善好施」的匾額。

（二）地方旌表支出

除去朝廷用於旌表的撥款，地方上也要為本地的旌表付出相應的成本和費用。如《清會典》規定，各省應旌表者題准後令地方官給銀三十兩建坊。「三十兩」作為一個定例，在文獻裏也是經常可見的。

地方政府不僅要給與旌表銀兩，還要按規定給與匾額等其他旌賞。例如對義民的旌表，《清會典事例》明確規定：「凡士民人等，或養恤孤寡，或捐資贍養，助賑荒歉，或捐修公所及橋樑道路，或收斂屍骨，實與地方有裨益者，八旗由該都統具奏，直省由該督撫具題。其捐銀至千兩以上，或田粟準值銀千兩以上者，均請旨建坊，遵照欽定『樂善好施』字樣，由地方官給銀三十兩，聽本家自行建坊。若所捐不及千兩者，請旨交地方官給匾旌賞，仍給予樂善好施字樣。如有應行旌表而請願議敘者，由吏部給予頂戴，禮部毋庸題請。」〔註23〕可見，地方政府在旌表中除去付出銀兩、匾額的物質成本，還有付出題請旌表、上報議敘者等精力、時間上的成本。

有的時候，地方政府要在朝廷的旌表審批下來時，先預支一部分費用。如明正德六年（1511），朝廷對旌表制度作補充和完善時規定，「近年山西等處，不受賊污貞烈婦女，已經撫按查奏者，不必再勘，仍行有司，各先量支銀三兩，以為殯葬之資，仍於旌善亭傍，立貞烈碑、通將姓字年籍鐫石，以垂永久」。由此可知，地方政府除去執行朝廷審批後的旌表，要負責立碑、刻字等支出，

〔註21〕馬學強，清代江南物價與居民生活：對上海地區的考察〔J〕，北京：社會科　　　　學，2003 年，（11）。
〔註22〕清會典事例·卷四〇三〔M〕，北京：中華書局，1991 年，頁 498。
〔註23〕清會典事例·卷四〇三〔M〕，北京：中華書局，1991 年，頁 498。

還要按規定付出喪葬費等先期費用。

　　還有的時候，朝廷不願意承擔的旌表成本或因種種原因不適合支付旌表費用，也會下放給地方。如前文提到的嘉慶年間的廣西藍祥。這位長壽老人在142歲時，得到「加賞建坊銀一百五十兩」，還有「加賞銀五十兩、緞五匹」。這些錦緞和銀兩都沒有從戶部下撥，而是「俱著於該省藩庫動用」，也就是由布政司所管的省庫負責旌表費用。這種出其不意的支出，也在地方的旌表成本中佔據了一席之地。

（三）地方救助支出

　　除去地方官府的支出，地方士紳以及一些慈善組織，也為旌表付出了成本。這也是朝廷所鼓勵的。在《江邑救荒筆記》中的《辦賑條例》就說：「官賑不如私賑之普而易周也」。〔註24〕並且在《粥廠條款》中對地方士紳的作息作了規定：「紳士幕友俱宜三更鼓起。」對相應的消耗也有明確記載：「每鍋煮米四斗……每煮米一石，需用八方炭八九斗。每夜需用牛燭四斤餘，燈油四斤餘……」。此外，粥廠裏還要用到「應用役十四名，捕役二名，保正二名，更夫三名，斗級二名，木匠一名，箍匠一名，泥水匠一名，籌廠有力管檔雇工八名，飯夫八名，水夫二十名，火夫八名，瓢夫六名。此係煮米四十石以內人數。」可知，一旦粥廠的供給糧食的數量超過四十石，就還要加人加錢加耗材。地方士紳的付出自然是義務的，但是工人的酬勞是有條款規定的：「以上人夫，每日於食粥外另給工資四十文。又書辦二名，每日每名給錢六十文。」這就很容易算出，粥廠每天的工資支出為 3050 文，不考慮銀、錢時常變動的兌換比率，大概在 3 兩銀子左右。再由前文所講的明清物價可知，粥廠的糧食支出大概在 40 兩到 240 兩之間。由於粥廠開設的時間往往在災荒時期，而且此時的米價極不穩定，柴炭、燈油等的價格也不穩定，所以即使按最低標準來算，粥廠每天的支出最少也在 45 兩銀子之上。

　　考慮到前文義民旌表的標準，能得到牌坊的百姓所付出的銀兩最少得1000 兩，這也只夠支持一座粥廠 22 天左右的花費。這還不算地方上大批的士紳、善人、義門所付出的額外的成本。如果說對義行的成本支出是短期的話，那麼對「貞節」的成本支付則是長期的。

〔註24〕周榮，明清社會保障制度與兩湖基層社會〔M〕，武漢：武漢大學出版社，2006年，頁334。

由前文所述可知，明清的守貞女子大多生活困難，所以才有明太祖朱元璋給與陣亡將領的守節妻女旌賞加倍的案例。清代大學士朱軾也指出了女子守貞的困難：「今欲使婦人盡守從一而終之義，雖顛連無告而孤寡煢煢，至死靡他，恐堯舜之治，天下有所不能。」〔註25〕可見，朱軾對寡婦的貧困是比較理解的。但是，朝廷的救助常常是杯水車薪，或者難以申請，特別是在還沒有得到旌表之前。為了使這些經濟上有困難的節婦、貞女生活下去，明清湧現了大量救濟寡婦、收容貞女、扶助老人的民間慈善組織，如「恤嫠會」「清節堂」等。如《清史稿》記載：馮丙煥的妻子俞氏樂善好施，「京師恤嫠會、八旗工廠，皆輸金以助其成。」〔註26〕這些地方上救助組織的出現，從客觀上有助於女性等人對旌表的追求。

據梁其姿統計，明清由地方士紳創辦的清節堂共有 216 個，其中清道光三十年（1850）以前有 56 個（官立有 13 所，民立者 43 所），之後建立的有160個。〔註27〕在清代中後期，甚至出現了因創建救助組織而受到旌表的人群。如因捐建清節善堂，光緒十七年（1891）十一月，朝廷給予江蘇嘉定縣職婦朱氏建坊的旌表；光緒二十二年（1896）八月，朝廷給予江蘇吳縣已故五品官員陳道修等人建坊的旌表；光緒二十八年（1902）十一月，朝廷給予安徽士紳呂賢銘、呂烈鴻的旌賞是「各為其父母建坊」。〔註28〕能得到「建坊」的旌表，可見修築善堂所耗費的成本是很高的。

當然，這種善堂也不是無原則的對所有人都加以救助。如「全節堂」「崇節堂」等機構都有詳細的組織章程。通常規定女子的年齡必須在 30 歲以上，並且有守貞決心才能得到准入資格。「節婦、貞女入堂後，不能無故出堂。每春秋二季，由堂籌集錢一千文以作紙錁，雇覓代步之用，派年老僕婦隨赴各墓前掃祭。」〔註29〕符合資格的女子，會得到善堂的補助和照料。

〔註25〕參見郭松義，倫理與生活——清代的婚姻關係〔M〕，北京：商務印書館，2000。

〔註26〕趙爾巽等，清史稿·卷五〇九·列傳二九六·列女傳二〔M〕，北京：中華書局，1976 年，頁 14081。

〔註27〕梁其姿，施善與教化——明清的慈善組織〔M〕，河北教育出版社，2001 年，頁 329～330。

〔註28〕清實錄·德宗景皇帝實錄〔M〕，卷三〇三，頁 1015；卷三九四，頁 141；卷五〇七，頁 700。

〔註29〕李鴻章修，黃彭年纂，畿輔通志·卷一〇九〔M〕，光緒十年刻本，1934 年，頁 27。

上述地方士紳的善行或者善堂的義舉，雖然其施行主體多數不求回報，但是他們確實為之付出了很大的成本。在統籌計算旌表支出時，這部分費用也應考慮在內。

三、個人支出

相對於朝廷和地方為旌表付出的成本，平民個人付出的成本雖不算多，卻也很可觀，更重要的是其中的艱辛令人苦不堪言。就百姓個人而言，得到旌表付出的成本主要有以下兩種。

（一）看得見的成本

看得見的成本，或者說可以明確計算出來的費用主要有三類：

一是為了直接取得旌表付出的錢糧。這是取得樂善好施、急公好義等旌表的主要成本。這個成本是朝廷「明碼標價」了的。如明萬曆年間規定：「義民輸粟事例，千石以上者，建坊旌表；百石以上者，給予冠帶。」（《明神宗實錄》卷一七六，萬曆十四年七月乙卯）類似的成本，前文已有多處記述。

二是為了準備得到旌表而付出的費用。諸如貞節女子的生活費、累世同居中處理人情關係的交際支出，都是為取得旌表而不得不付出的成本。這種成本常常需要自籌。如明代的丁美音，「漵浦丁正明女，幼受夏學程聘，年十八將嫁，學程死，美音誓不再嫁。……乃構室獨居，鬻田自贍，事舅姑，養父母。鄉人名其田為貞女田」。〔註30〕丁氏還未過門，丈夫就去世了。她只能靠著賣掉田地的資金來養活自己、公婆和父母。雖然鄉人把她的田地美譽為「貞女田」，但好的名聲不一定能解決實際困難，她的生活艱辛是可想而知。

三是為了保存獲旌物品而付出的成本。在統治者眼中，成本最低的賞賜方式莫過於前文所講的賞賜御書了。但是對於旌表得到的御書或者敕書，獲旌者往往珍重收藏。因為皇帝所賜之書，在百姓眼中是非常神聖的，所以要善加保存。如明朝的安成人張巨川，他曾經出谷兩千石賑濟平民，得到皇帝降敕，被旌表為義民。張巨川說：「君命猶天命，不可褻也，特建一閣，而寶藏焉。」〔註31〕他為了保存敕書而特地建築了一座閣樓，這個成本恐怕並不比二千石低多少，而收益卻僅是一紙文書而已（不考慮榮譽收益，只考慮經濟收益）。

〔註30〕（清）張廷玉等撰，明史・卷三〇一・列女傳〔M〕，北京：中華書局，1979年，頁7706。
〔註31〕（明）王直，抑庵文後集〔M〕，四庫全書本。

　　四是得到旌表以後為擴大榮耀而付出的費用。由前文所知，獲得旌表的人即使取得建立祠堂或者建立牌坊的資格，也往往不會得到足額的建築賞銀，而是常常會得到「聽本家建坊」的待遇。也就是說，朝廷不會限制獲旌者的建坊地點甚至建立祠堂、牌坊等的大小。但是，這也意味著朝廷未必會根據當時的物價、人工成本給與足夠的財物獎賞。可見，在這種情況下，對於獲旌者而言，在旌表中付出額外成本的原因有兩種，一是得到的賞賜不夠營建應得的榮耀；二是自身或家族想要擴大這份榮譽，例如常德澧縣的余氏貞節牌坊。

　　據《澧州志林》和《澧縣余氏族譜》記載：道光八年（1828），五品官余曰宣向道光皇帝為其母請旌。他的母親余羅氏自 29 歲守寡以來，矢志不嫁，悉心照顧家里人，使得余家日漸興旺，兒子最終舉業有成。在經過皇帝恩准旌表後，余家於次年開始修建貞節牌坊。由於余曰宣對母親的榮譽非常珍惜，余家規劃了一個耗時耗力耗財的工程。他們前後共招攬了三班 30 餘名工匠，為余羅氏修建了一座高約 15 米、長約 8 米、寬約 5 米，由數噸石料構成的工藝精湛的節孝坊。在道光二十三年（1843），此牌坊的落成典禮引起轟動。《澧州志林》中描寫了當時的盛況：「此坊成，州文武官皆踵而賀，四方來觀禮者，不下十餘萬人。都人士咸以為太君盛德節孝之感云。」〔註32〕

圖 24　清代澧縣余氏牌坊

〔註32〕鄒伯科，「立牌坊」不是一件簡單的事，跑項目可是學問〔N〕，瀟湘晨報，2013-7-16（3）。

但是，余羅氏本人卻為巨大的開銷而流淚不止，《澧州志林·羅氏傳》記敘道：「道光年間，予旌建坊，氏且泫然泣下曰：聞節孝者，婦道之常，何坊焉，況演劇以慶。此慶也，氏烏乎當之？」事實上，建這座牌坊幾乎耗盡了余家家財。澧縣地處平原，沒有上好的石料，余曰宣為了彰顯母親的德行，特意從祁東選購極品白石。光在購買、運輸石材上的花費就有一萬五千兩白銀。余曰宣也因此被人稱頌為孝子。《澧縣余氏族譜》在講他的故事時記述道：「公之建斯坊也，日惟思貽母合命，始而躬赴遠縣購一色白石，既乃無晝無夜無寒暑躬自督工……蓋閱九年，始竣。而公以督工故，毀瘠骨立，甫竣遂卒。」可見，余家為這個牌樓耗盡心血，付出的成本，遠遠不只一萬五千兩白銀的石料支出，余曰宣因此耗盡心血而付出的性命更是無法計量。

（二）看不見的成本

在旌表的個人支出中，看不見的成本即無法估算的支出，包括人的時間、精力甚至是性命。由於明清旌表相較前代更為嚴謹，因此申請旌表有時候會耗費數十年的精力，還會用掉無法計算的人情，甚者可能喪失掉本人或他人的性命。

除去前文所述的余家的故事，清人魏息園也記錄了一個因旌表送命的故事。他所輯的《不用刑審書》中的卷四《張縣令設計翻案》篇，被後人改為莆仙戲劇目《施天文》。大致情節是：皇帝恩准為施姓狀元的母親葉氏建造貞節牌樓。葉氏卻惶惶不安，因為她與他人有染。此事被施狀元的妻子柳氏知曉後，葉氏便畏罪自盡。柳氏被懷疑害死葉氏而入獄。為了保全葉氏名節，柳氏決心赴死。這期間經過種種因果，真相得以大白。地方官甚至要為柳氏建「節孝樓」，但施狀元一家付出的數條人命，卻是再難挽回。

如果說戲劇還有虛構的成分，那麼揚州八怪之一的黃慎先生的經歷可謂「證據確鑿」。黃慎剛到十四歲時，父親就客死於去湖南經商的途中。之後，黃慎的母親就肩負起養家的重擔。王步青在《書黃母節略孝》中敘述道：「歲屢祲，母益困，日夜勤女紅，旁課二子讀。刀尺聲嘗達旦，鄰婦傷之。……」〔註33〕馬榮祖也在《黃節母紀略》中描述道：「家徒四壁立，母獨立撐拄。嚴冬風雪中，曳苧布裙，拾薪作爨。……」〔註34〕

〔註33〕丘幼宣，一代畫聖黃慎研究〔M〕，福州：福建教育出版社，2002年，頁12。
〔註34〕丘幼宣，一代畫聖黃慎研究〔M〕，福州：福建教育出版社，2002年，頁12。

　　事實上，馬榮祖的這篇文章被請託於黃慎初到揚州時。當時，客居揚州的黃慎努力賣畫賺錢，很重要的一個原因就是要為母親建立一座貞節牌坊。但是，馬榮祖想要瞭解黃母的情況，就沒有立刻動筆。黃慎就為此事常常拜訪馬榮祖。直到五年後，黃慎才得到這篇《黃節母紀略》。〔註35〕在這個過程中，黃慎已經在想像中設計了母親的牌坊，並與在蘇州做官的朋友推敲確定坊上題詞為「節孝女宗」。於是，他在雍正十三年（1735）歸鄉〔註36〕，為母請旌。

　　此時的黃慎，離開故鄉已經多年。他的名氣在千里外的揚州，故鄉的里正等人並不看重他。所以，他唯一的辦法就是用錢來疏通關係。朝廷當時的旌表規定是由承擔教化職責的地方官、學政等人到民間尋訪，通過鄉老、里正的推薦，核查有無20歲出頭就成為寡婦並守節30年以上的婦女。之後，審查名單上報給縣、府級別的官員，再逐級上報至禮部，最後由朝廷審核後統一批准，一次性給與幾千名貞節女子建祠、立坊的旌表。就在層層的審批中，黃慎花光了揚州的積蓄，他只得周遊各地去作畫籌錢。他的妻子也因此過著貧困的生活，甚至在寒冬都買不起一雙襪子。

　　就在黃慎的奔走中，乾隆十一年（1746），黃母逝世，至死也未等到一個結果。黃慎忍著悲痛，繼續為母親的旌表而運作奔忙。乾隆十四年（1749），曙光出現了，黃慎認識的楊開鼎被任命為巡臺御史，給黃慎寫信讓他去作畫。楊開鼎是黃慎認識的級別最高的官員，他也願意為黃母的事情盡一份心力。誰知，就在黃慎匆忙啟程後，楊開鼎的母親突然去世，他必須按制離任守孝。就這樣，黃慎最後的希望也破滅了。此時，他家的情況是「兒女忍寒無短褐，候門時望客歸船」〔註37〕；他自己的情況是老邁憔悴、年屆64歲，已整整為母親的旌表忙碌了16年。〔註38〕更令人惋惜的是，他在這16年的作品產出，是遠遠少於他之前在揚州的12年的。於是，在後世的書畫家眼中，黃慎為母旌表所付出的創作成本，是不可估量的損失。

　　由上述可知，明清旌表的支出與費用通常會受到國家財政和經濟狀況的影響。但由於旌表的旌賞是通過少數人制定的法律和政策來規定的，所以旌表的費用同樣受到人治因素的影響。

〔註35〕周時奮，揚州八怪畫傳〔M〕，濟南：山東畫報出版社，2003年，頁97。
〔註36〕丘幼宣，黃慎奉母歸閩年代考辨〔J〕，福建論壇，1983年，（5）。
〔註37〕丘幼宣，一代畫聖黃慎研究〔M〕，福州：福建教育出版社，2002年，頁138。
〔註38〕周時奮，揚州八怪畫傳〔M〕，濟南：山東畫報出版社，2003年，頁98。

　　朝廷對旌表的支出主要有常例和特例支出兩種。常例支出是固定的，也許會隨著經濟狀況而改變，但這種變化比較穩定。特例支出通常取決於受旌者本人的實際情況以及統治者當時的心情。特例支出的費用通常遠超常例支出。由於明清的貞烈女子以及百歲老人等隨著社會的安定而逐年增加，給國家財政帶來一定的負擔，王朝統治者不得不修改舊例，降低旌賞的成本。

　　地方官府也在旌表審批前與審批後都會為之付出一定的費用，這也是朝廷律法所規定的。一些朝廷不願意支付的旌表賞賜，也會轉嫁給地方官府進行旌賞。此外，地方的善人、士紳以及一些民間救助組織，也通過自身的義舉為平民百姓對旌表的追求付出了巨大的成本。

　　個人在旌表方面的付出也是驚人的。為了取得義民旌表，人們必須拿出符合規定的錢糧支持朝廷，這往往是富裕的階層才能做到的。為了得到義門、孝行、貞節等旌表，人們除去物質上的必要支出外，還往往要忍受長年的辛苦與勞作，為之付出巨大的精力和心力成本，有些人甚至會因此而失掉性命。但是，這並不意味著一定能夠得到旌表。

　　總之，無論在國家層面、地方層面還是個人層面，旌表都是一件耗費金錢和人力成本的大事。

第五章　明清旌表的特點

　　由前文對旌表發展歷史的簡介，以及對明清旌表對象、原則、程序等的分析，本研究得出了明清旌表的一些特點。這些特點蘊藏在史料中，蘊藏在相關數據統計中，蘊藏在文史互證的過程中。它們反映了旌表這一國家表彰體系的特質或特性。

一、旌表的動態性

　　探討旌表的動態性的基礎，是肯定其具有不變性。這種不變性，就是史書所記載的「常例」或者說「舊例」。如明正德十四年（1519），江南等地發生水災與旱災，戶部經過商議，要求巡撫等官員勸諭富民、募集錢糧，對於給朝廷捐贈錢糧的百姓，要「量與褒獎」。〔註1〕此後，嘉靖二年（1523）對百姓捐銀旌表的標準和方式，就按照正德十四年（1519）的舊例來執行。萬曆十四年（1586）對義民捐輸粟米的旌表措施和標準，也是參照萬曆十年（1582）的舊例來進行的。〔註2〕在明成化八年（1472），鳳陽、淮安、揚州這三個地方缺少糧食，在對富民進行勸諭捐輸、繳納糧食的同時，是依據「浙江近例」來對符合禮部和戶部相關規定的義民進行旌表的。〔註3〕當然這種不變是相對的，變化時時在發生。

（一）承接前代的動態變化

　　從時間的角度來看，明清旌表具有一定的傳承性，前代旌表的對象、類

〔註1〕明武宗實錄〔M〕，臺北：臺灣中央研究院歷史語言研究所影印本，1961年。
〔註2〕明神宗實錄〔M〕，臺北：臺灣中央研究院歷史語言研究所影印本，1961年。
〔註3〕明神宗實錄〔M〕，臺北：臺灣中央研究院歷史語言研究所影印本，1961年。

型、方式、程序，均能從明清旌表中找到類似的情況。

　　從旌表的對象來看，上到宗親貴族、王公大臣，下到販夫走卒、平民百姓，旌表幾乎囊括了所有的當時各階層的人群；既有義民、長壽老人等生前優待旌表，也有烈婦烈女等死後名節旌表；既有需要盡忠盡孝、克己自制才能得到的旌表，也有不需要任何額外的付出，只要時間的積累達到一定的標準，就能夠得到的旌表，如旌表長壽老人、旌表累世同居等。從旌表的內容來看，既包括了符合傳統倫理道德、符合朝廷教化的各種「嘉言懿行」，也包括了為國家做出的特殊貢獻；從旌表的程序看，既有從下到上的民情反饋，也有從上往下的政策變動。此外，在旌表級別上，只要是符合國家所制定的旌表標準，不管是王公貴族，還是普通百姓都可以獲得旌表。從旌表的形式來看，既有建立祠堂、牌坊、賞賜財物等物質性旌表，也有旌表門閭、御賜詩文、給予匾額字樣等精神性旌表。按照旌表的時間來看，既有貞節、義門等長期性旌表，也有對義民、軍功等的短期性旌表。從獲旌者的表現來看，有的需要為國盡忠、廉潔奉公；而有的只需要地方推舉或言行突出就可。

　　以孝行旌表為例，就可以看出明清旌表對前代的承接性。如對孝子順孫的旌表，明清統治者也和前代統治者一樣，偏好精神層面的獎勵。以下是由晉代到清代旌表孝行的賞賜統計圖：

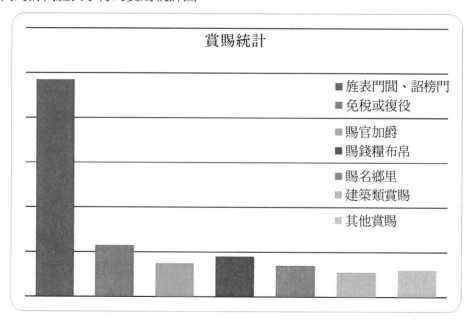

圖 25　歷代旌孝賞賜統計圖

在比較富裕的朝代，比如唐、宋等朝都有錢糧、建築類賞賜。明、清在財政狀況比較好的情況下，也不是特別吝嗇。

表 16　歷代旌孝賞賜統計表

書　目	旌表門閭、詔榜門	免稅或復役	賜官加爵	賜錢糧布帛	賜名鄉里	建築類賞賜	其他賞賜〔註4〕
《晉書・孝友傳》	1	1					
《南齊書・孝義傳》	7	3			1		
《梁書・孝行傳》	3		2				
《陳書・孝行傳》					1		
《南史・孝義傳》	13	12	5	1	7		1
《魏書・孝感傳》	8	4	1				
《周書・孝義傳》	3		1				
《隋書・孝義傳》	7		2	2	3		
《舊唐書・孝友傳》	4			2			
《新唐書・孝友傳》	10	1	2	2		3	1
《宋史・孝義傳》	8	1		8	2	3	8
《元史・孝友傳》〔註5〕	17	1		1			1
《明史・孝義傳》	6			1		2	
《清史稿・孝義傳》	10		2	1		3	1
總計	97	23	15	18	14	11	12

由上表可知，隨著歷代對孝行旌表賞賜的豐厚程度以及獲旌人數的增加，明代開始對旌表支出進行控制。當「所奏人多費廣」時，就「於所在旌善亭側，建二石碑，分書男婦姓名、邑里及其孝義、貞烈大略，以示旌揚，有司量給殯殮費。厥後地方有奏，悉以此令從事。」而且相關費用越來越少，「劉春代珪為禮部，竟不請旌，但用珪前議，並給銀建坊之令亦不復行，而旌善之意微矣。」〔註6〕

〔註4〕諸如「賜詔書」「賜字」等比較重精神、不物質的獎勵。

〔註5〕有 31 個案例賞賜不明。

〔註6〕（清）張廷玉等撰，明史・卷二百九十七・列傳第一百八十五・孝義二〔M〕，北京：中華書局，1974 年，頁 7607。

可見，明清旌表在承接前代的同時，又具有自身的變化與特點，這種繼承和改變都是站在前朝肩膀上的結果。

（二）自身的動態變化

明清旌表在實施過程中，會不斷根據社會經濟狀況與百姓的行為動態，隨時進行政策與旌賞的調整。這種動態變化往往直接由所旌事例決定。如明天順二年（1458）三月，朝廷下令湖廣等地軍民向貴州輸米，並臨時制定了旌表標準為：捐贈 100 石糧食的賜予冠帶，並下詔旌表；捐贈 50 石糧食的下詔旌表；捐贈 30 石糧食的立石題名。〔註7〕這次旌表的標準較低，是因為此時的貴州發生了大規模的武裝起義，亟需糧食等物資。但是碰到水災、旱災等相對不那麼緊急的旌表，標準就變得高一些。如萬曆十六年（1588），朝廷因松江府水災而勸諭捐輸，當時的士人和百姓就紛紛響應號召。於是，對於捐贈米糧 200 石以上的百姓，松江府就給與豎坊、置匾的旌表；對捐贈米糧 200 石以下的人，松江府官員遵照撫院事例，給以冠帶、免差、置匾等旌表。〔註8〕

與明代相比，清代旌表政策的變化則更為明顯。如順治五年（1648）的《大清會典事例》規定：「孝子、義孫、義夫、節婦，自元年以後，曾經具奏者，仍行巡按，再為核實，造冊報部，具題旌表。」〔註9〕可以看出，節婦旌表還不具有很強的規範性。但到了順治十二年（1655）旌表節婦的規則進一步完善了，順治帝下詔：「各直省孝子、順孫、義夫、節婦，各該督撫於每年十二月照例核實具奏，禮部覆核分別給予旌表。」〔註10〕多了禮部覆核這個環節，使得順治帝時期的旌表程序變得更加複雜，自然會消耗更長的時間，以致於有些節婦、烈女還未等到朝廷給予的旌表，就早已去世，使得朝廷的教化效果大大削弱。

針對上述情形，康熙朝對旌表的程序進行了簡化，以使得本應該得到旌表的貞節女子能盡快得到應有的精神及物質上的獎勵。因此，朝廷在康熙十四年發布詔令，但凡是對節婦的旌表，如果程序已然運行到禮部核實

〔註7〕明英宗實錄〔M〕，臺北：臺灣中央研究院歷史語言研究所影印本，1961 年。
〔註8〕崇禎松江府志〔Z〕，日本藏中國稀見地方志叢刊本。
〔註9〕崑岡等修，劉啟端等纂，史部·欽定大清會典事例〔M〕，上海：上海古籍出版社，1995 年，頁 804。
〔註10〕崑岡等修，劉啟端等纂，史部·欽定大清會典事例〔M〕，上海：上海古籍出版社，1995 年，頁 809。

這個環節，那麼「雖病故亦准彙題旌表。」〔註11〕這條政策給與了節婦烈女極大的鼓勵，使得康熙時期的貞節旌表人數達到了 4822 人，遠遠超過了順治時期。

在統治者眼裏，旌表人數的增多在某種程度上反映了社會風教的良好。所以雍正朝吸取康熙朝時的經驗，對於旌表要求再次降低。雍正帝核准道：「孝女以父母未有子侄，終身不嫁，照貞節烈女一例旌表。」〔註12〕這條詔令，使得受旌女子的人數繼續增加。由於滿足貞節旌表條件的時間跨度較大，政策變動帶來的影響自然也較大。到了雍正二年（1724），直隸各省的節婦就有 494 人，貞女則有 22 人，再加上受旌表的八旗女子 248 人，共計有 764 人受到朝廷給予的表彰，極大地帶動了其他女子守貞守節的積極性。就在政策和榜樣的雙重引領下，雍正朝旌表的節婦烈女人數高達 9995 人，遠比順治朝與康熙朝的總和還要多〔註13〕。由此可見雍正朝的貞節旌表盛況，也足見旌表政策變動的效果。

不僅是獲得旌表時間較長的關於節婦烈女的政策變動性較大，能夠短時間獲得旌表的關於義民的政策變動也比較大。如清代對於義民樂善好施、賑濟災民、急公好義等行為的旌表，早在順治帝時期就已經出現。但是為了執行的方便，同時避免將義行行為與納捐行為混為一談，並進而導致地方官吏在士紳、平民的義捐過程中貪污索賄，使富者的捐助無法用於救助窮人和災民，清初的把義民、節婦等混合在一起的「一攬子」旌表政策，在雍正十三年得到了改變。雍正皇帝在對山西陽曲士紳李杭和汾陽士紳卞時盛的自願捐銀行為進行評價後，又對樂善好施做了規定：朝廷所說的樂善好施行為，按情況而言，一是在地方遭到水災、旱災或饑荒的時候，扶危濟困，散財發粟，救助窮困鄉鄰；二是在平常無災的時候，修建義倉、修橋鋪路，或者設置義田，設立養老、育嬰等慈善機構，「凡此善事多端，必須出自本人之誠心，而又親身經歷，誼同休戚，始可以惠鄉閭而收實效。」〔註14〕這條規定實際上是說，除非在災荒之

〔註11〕崑岡等修，劉啟端等纂，史部・欽定大清會典事例〔M〕，上海：上海古籍出版社，1995 年，頁 817。

〔註12〕崑岡等修，劉啟端等纂，史部・欽定大清會典事例〔M〕，上海：上海古籍出版社，1995 年，頁 834。

〔註13〕數據主要來自董家遵《中國古代婚姻史研究》中的《歷代節婦烈女的統計》和李豐春的《中國古代旌表研究》。

〔註14〕清實錄・世宗憲皇帝實錄・卷一五六〔M〕，北京：中華書局，1985 年，頁 119。

年，否則百姓不許亂捐銀交官，以防官員從義民旌表中獲得私人利益，從而在制度層面起到了防止官員貪污、腐敗的作用。

但是，這種百姓自覺助人、自願捐銀的行為依舊時有發生。在乾隆朝時，義民旌表又出現了新的弊病。乾隆皇帝對此有深刻的認識：地方官員為了政績和聲名，就授意下屬或百姓捐銀；有的主管官吏為了得到履職有方、勸輸得力的名聲，甚至開始勒索，按照屬地子民家財的多寡來確定捐輸的標準；還有的官員甚至借助義民旌表來假公濟私、中飽私囊。故此，乾隆皇帝總結道，一些官員們的勸輸行為，「名曰『利民』，而適以病民⋯⋯」。〔註15〕也就是說，地方官吏以各種理由或名目讓家庭富裕的百姓出資捐銀來換取旌表的榮譽，並借機假公濟私、中飽私囊。這樣就使得本來的利民之舉變為害民之行。為了解決這種弊端，乾隆皇帝改變了義民旌表的一些程序。

乾隆朝的義民旌表，首先確立了旌表的前提是地方上遇到災荒、欠收、修城以及築堤等事。其次，必須是百姓自願，是殷實家庭情願捐助或捐贈，不能由官府強迫。再次，義民旌表不再是由地方官請旌，而是允許百姓自身到布政司申請，再由布政司向主管部門題奏，地方官不許自行申報。此外，對於設立義田、義學、義倉以及義家等事，允許義民本人向本州縣申請，但地方州縣向上級報備後，仍須由義民本人親自經理，其他人等不得干涉。對於義民中捐輸數額巨大的人，由督撫核實後向朝廷申請旌表；對於捐助數量較小的義民，則由地方督撫按具體情況給與旌賞。乾隆二年（1737）的政策對此進行了明確的規定：民間如果有捐資周急、惠及鄉里的百姓，需由本地督撫進行旌表的，「均應遵照『欽定樂善好施』字樣，永為成式，由部覆本內聲明頒給。」〔註16〕

正是由於雍正、乾隆兩朝對基層的瞭解以及由此採取的大力調控措施，部分官員在實施旌表中的不良行為才得到抑制。這使得清朝在很長時間內，沒有出現對「樂善好施」「急公好義」的旌表。直到道光年間，由於國庫空虛，對義民的旌表數量才開始增多。這種旌表政策的動態變化，可用下圖來表示。

〔註15〕清實錄・高宗純皇帝實錄・卷五〔M〕，北京：中華書局，1985年，頁240。
〔註16〕欽定大清會典則例・卷七一〔M〕，清文淵閣四庫全書本，1983年，頁356。

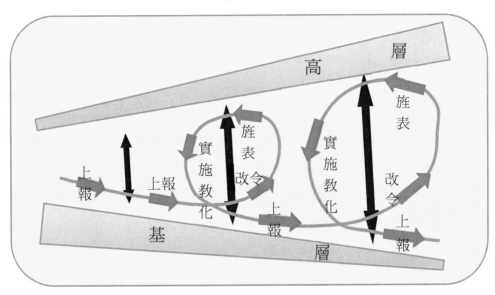

圖 26　旌表政策變動圖

二、旌表的差異性

旌表政策的對象主要是人，人與人的差異直接帶來了旌表的差異。在古代中國，這種差異之間的鴻溝不僅是難以避免的，而且是難以填平的。

（一）性別的差異

古代中國長期存在著男尊女卑的現象，這種情況也同樣反映在旌表中。在明清，男子可以申請絕大多數的旌表項目，但是女子除去貞節旌表外，其他的項目都很難申請。有時候，女子的出生，就意味著她們家不會得到旌表。

前文曾引用了大量一胎多育的旌表案例，表明了國家對人力資源的重視。但是這種旌表政策存在著嚴重的「重男輕女」的傾向。如康熙十三年（1674），朝廷停止了對男女並產及一產三女旌表。〔註17〕而一產多男則繼續受到朝廷鼓勵。可見，在統治者眼中，女子不能像男子那樣，成為國家財富的主要創造者，成為朝廷徭役的主要承擔者，不可以給王朝統治者帶來大量的實際利益。因此，女子從出生起，在同樣情況下，獲得旌表的概率常常低於男子。

等女子長大，同樣會這種面臨不平等的待遇。如《大清會典》中「旌表節孝」的條目下，有順治五年（1648）頒布執行的規定：「孝子、順孫、義夫、

〔註17〕清會典事例‧卷四○六〔M〕，北京：中華書局，1991 年，頁 547。

節婦，自元年以後曾經具奏者，仍行巡按，再為核實，造冊報部，具題旌表。」〔註18〕就是說，朝廷對孝子、順孫、義夫、節婦的旌表，都包含在對「節孝」的旌表範圍內。但是，清初對孝行的旌表，是只限於男子的孝行，女子的孝行是排除在外的。直到雍正三年（1725），清朝才有對孝女的旌表規定：「孝女以父母未有子侄，終身不嫁，照孝子一例旌表。」〔註19〕也就是說，孝女的旌表標準按照孝子來確定，以孝子的孝行作為參照。

　　正是由於上述政策的出臺，清代第一例孝女旌表才在雍正四年（1726）二月出現。當時，順天學政上奏為何百順申請旌表。何百順是昌平州何淳之的女兒，她因父母無人照料，就終身不嫁，在家侍養父母，直到六十歲。這樣的孝行是理應得到旌表的，但是禮部經過查詢定例，發現沒有孝女旌表的規定。經過朝廷商議，何百順養親不嫁、孝行卓越，是「篤重天倫，事關風化」的典範，於是禮部為她破例請旨旌表，並作為定例記錄下來。〔註20〕

　　之後，對孝行的旌表把出嫁的女子也包括了進來。雍正五年（1727），朝廷發布了對已婚女子的孝行旌表規定，朝廷認為，以前的政策，對於旌表孝子、順孫、義夫、節婦都有定例，只有旌表孝婦沒有定例，「但婦女孝行無虧，應准給建坊銀三十兩，其節孝祠題坊，照恩詔遵行。」〔註21〕

　　不僅僅是對孝行的旌表，在對長壽老人進行旌表時，也存在性別的差異。清代早期對於高壽老人的旌表，範圍只是侷限於男子和孀居的命婦。如朝廷於康熙九年（1670）發布詔令，規定對於有誥封且年齡達到百歲的命婦，給與修建牌坊的賞銀三十兩，並賜給「貞壽之門」的匾額。〔註22〕隨著「禮敬高年」的思想在全國的推廣，這種旌表顯然受到很多人的反對。於是，到了康熙四十二年（1703），朝廷對於高壽老人的旌表對象，就不再限定性別和階層，而是擴展到了全國各地的普通百姓。朝廷同時發布新的規定：對於百歲以上男子，依照慣例進行旌表，在賞給一定的銀兩的同時，建坊予以表彰，同時賜下「升平人瑞」匾額；對於百歲以上平民女子，按例建立牌坊、賜予「貞壽之門」匾額，與命婦的待遇一樣。

〔註18〕清會典事例・卷四〇三〔M〕，北京：中華書局，1991 年，頁 501。
〔註19〕清會典事例・卷四〇三〔M〕，北京：中華書局，1991 年，頁 505。
〔註20〕清實錄・世宗憲皇帝實錄・卷四一〔M〕，北京：中華書局，1985 年，頁 612。
〔註21〕清會典事例・卷四〇三〔M〕，北京：中華書局，1991 年，頁 505。
〔註22〕清會典事例・卷四〇五〔M〕，北京：中華書局，1991 年，頁 135。

圖27　清代呂氏「貞壽之門」坊

圖28　清代趙彩章百歲坊

即使是做出上述調整，依然能夠看出清代旌表制度中的男尊女卑。首先，「人瑞」是對高年老者的美譽，通常只有男子才能獲得「升平人瑞」的匾額。其次，獲得旌表的長壽女子，必須是「孀婦」，也就是寡婦，暗含著守節女子的意思。最後，長壽女子即使得到旌賞，朝廷所賜予的「貞壽之門」的匾額，更多的體現在對家族的旌表，而非像「升平人瑞」那樣針對個人的成分更多一些。這種現象在牌坊的建築形制中也能看出來。

表17　男女旌表案例對照

對照項	男性牌坊	女性牌坊
時間	道光十九年6月	道光十八年11月
地點	貴州青巖鎮	貴州魯屯鎮
獲旌者	趙彩章	李汝蘭之母呂氏
獲旌年歲	100歲	102歲
獲旌緣由	親見七代人	善於侍奉公婆；在叛亂時朝夕尋覓公婆，後夢裏得人指點，找到公婆二人屍體，抬回家中安葬；守節70多年；對子孫教導有方；得到前興郡知府仇效忠的讚賞，並贈坊聯。
牌坊形制	高9.5米，寬9米	高7米，寬7米
牌坊匾額	南面「趙彩章百歲坊」，北面道光皇帝欽賜「七葉衍祥」，兩側「升平人瑞」「百歲有一」。（見圖28）	南面「貞壽之門」，兩側「升平人瑞」「貞靜女宗」。（見圖27）

可見，女子從出生到年老，在旌表中很難得到客觀平等的待遇。

（二）階層的差異

從社會教化的角度去查閱史料，會發現傳統中國的獲旌表者，絕大多數是平民。在政策規定方面，似乎也在抑制對貴族的旌表。如《大明會典》卷五十七的《王國禮》中有關於宗親的《獎諭》的規定：「宗室為善者、獎諭示勸。故有賜敕賜物之例。凡旌表節孝。正德八年奏准，王府如有節孝及卓異行跡查奏前來，禮部照例敕獎諭。但不許奏請建立牌坊。」王室貴族一般不能得到牌坊，普通百姓卻可以，看起來好像政策比較偏向平民。而通過對正史的歷代數據的分析似乎也支持這樣的觀點。如下圖對歷代因孝獲旌者的統計：

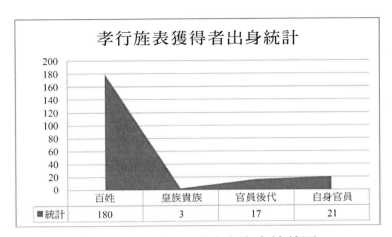

圖29　歷代孝行獲旌者出身統計圖

　　但是，如果從獲旌的機會來看，旌表制度對平民而言，並不那麼公平。以明代而言，據有些學者的統計，明朝實際上的官民比大約是 1：2299〔註23〕，而獲得孝行旌表的官民比是 1：19（詳情見下表），也就是說，官員獲得孝行旌表的概率是百姓的 121 倍。如果計入官員後代，那麼強勢階層獲得孝行旌表的概率則是百姓的 423.5 倍〔註24〕。

表18　歷代孝行獲旌者出身統計表〔註25〕

書　目	百　姓	皇族貴族	官員後代	自身官員
《晉書・孝友傳》	1			
《南齊書・孝義傳》	8			
《梁書・孝行傳》	1		1	1
《陳書・孝行傳》	1			
《南史・孝義傳》	20			
《魏書・孝感傳》	7			2
《周書・孝義傳》	3		2	
《隋書・孝義傳》	5	1	2	3

〔註23〕這個數據的基礎來自何炳棣的研究：「中國人口從 14 世紀後期的約 6500 萬增加到萬曆二十八年（1600）的約一億五千萬」。來自葛劍雄翻譯的《明初以降人口及其相關問題》。北京：三聯書店，2000 年，頁 4。

〔註24〕這個概率在隋代更大，隋代的百姓要想靠孝行獲得旌表，在中國歷史上幾乎是最困難的。這似乎也可以在一定程度上，解釋隋朝短命的原因。

〔註25〕既是貴族出身，又自身是官員的，在此按兩次計算。

《舊唐書・孝友傳》	1			3
《新唐書・孝友傳》	9		1	3
《宋史・孝義傳》	14			4
《元史・孝友傳》	55	1	3	3
《明史・孝義傳》	38		5	2
《清史稿・孝義傳》	17	1		3
總計	180	3	17	21

　　單看上表，似乎清代沒有官員獲得孝行的旌表，清朝統治者在旌表時會更偏向平民階層。但通過對史料的梳理總結，得出的結論卻可能相反。如關於旌表的物質獎賞規定，《清會典事例》中對不同階層給與的旌賞講述的十分詳細。以對女子的貞節旌表為例，宗室應旌者和平民應旌者的待遇是大不相同。

表 19　清代貞節旌賞表

階　　層	固倫公主、親王福晉	和碩公主、親王世子福晉	郡王福晉	平民女子
坊銀	100 兩	90 兩	85 兩	30 兩
錦緞	16 匹	14 匹	12 匹	0 匹（除非御賜）

　　能得到坊銀的女子已算幸運，對於有些民婦，得到的旌賞甚至只是一個匾額，同時在祠堂內不設位，不給坊銀。由上表可知，這種差異不僅存在於平民和貴族之間，在貴族內部，等級也同樣森嚴。如對貞烈女子的旌表，清代規定獲旌者的身份在輔國公夫人這個等級以上的女子，除得到皇帝御賜的羊、酒、紙張等旌賞外，禮部仍然按照規定，再額外多準備羊、酒、紙張等物品進行旌賞，內院還需為她們撰文，還要派遣官員前去祭祀；而獲旌者的身份在鎮國將軍夫人這個等級以下的女子，或者只是閒散宗室的妻子、女兒等人，則只由相關部門給與羊、酒、紙張的賞賜，但依然有內院的撰文，也依然會得到遣官致祭的榮譽。〔註 26〕

　　此外，有官身的人與無官身的平民，在旌表程序上也大不相同。如對於長壽老人的旌表，平民的旌表通常由禮部主管，甚至督撫一級就可以按律賜下匾額。但做過官的長壽老人的旌表，程序就相對複雜且慎重。如退休的副都統武登額在道光五年（1825）年滿百歲，且五世同堂，除按舊例得到銀兩、緞匹

<hr>

〔註 26〕清會典事例・卷四〇三〔M〕，北京：中華書局，1991 年，頁 502。

的賞賜外，又因為屬於三品以上的大臣，又得到加賞的十兩白銀、一匹錦緞。更重要的是，他得到的匾額是由內閣來撰寫草擬的，不僅如此，還需皇帝欽定後，再由相關部門進行頒發，整個流程是嚴謹而鄭重的。

　　這種階層的差異，在節孝旌表時，更加明顯。清代宗室內有節孝美德應得到旌表的人，能獲得比非宗室成員以及普通百姓更多的旌賞與榮耀。在清順治十年時，這種差異性固化了下來。詳見下表〔註27〕。

表20　清代節孝旌賞表

層　級	階　層	銀（兩）	緞（匹）	備　註
1	親王、固倫公主、親王嫡福晉	100	16	均由內院頒敕獎諭。
2	世子、和碩公主、親王側福晉、世子嫡福晉	90	14	
3	郡王、郡主、世子側福晉、郡王嫡福晉	85	12	
4	貝勒、縣主、郡王側福晉、貝勒嫡夫人	80	11	
5	貝子、貝勒側夫人、郡君、貝子嫡夫人	75	10	
6	鎮國公、貝子側夫人、縣君、鎮國公夫人	70	9	
7	輔國公、鎮國公側室、鄉君、輔國公夫人	65	8	
8	鎮國將軍、輔國公側室	60	7	
9	輔國將軍、鎮國將軍夫人	55	6	
10	奉恩將軍、輔國將軍夫人	50	5	
11	奉恩將軍、奉國將軍淑人	45	4	
12	奉恩將軍恭人	40	3	
13	鎮國將軍、輔國將軍、奉國將軍、奉恩將軍女及閒散宗室妻女	35	2	
14	各省民、婦	30	酌情	酌情

〔註27〕在《清會典則例》和《八旗通志》中均能找到同樣的數據，但在《大清會典》這本滿漢共同遵守的典章中卻沒有記載，在本研究看來，也是旌表階層化的一則佐證。

　　由上表可知，除去固定的銀兩、錦緞的賞賜，有地位的女子還會得到內院頒發的「獎諭」，但是普通的女子卻很有可能得不到任何其他的賞賜。可見，身份高低的不同，常常會導致旌表結果的不同。即使是官員的親人，也會比平民在旌表方面享有更豐厚的物質獎勵。《清會典》中就規定，對於三品以上朝臣的父母、妻子，如果有年滿百歲的長壽老人，按例除去給與修建牌坊的 30兩銀子外，再加賞 10 兩銀子、1 匹錦緞；對於其中超過百歲或者未滿百歲且五世同堂的老人，要在平民旌賞的常例之外，加賞銀十兩、緞一匹；對三品以上官員的父母和妻子的旌賞，要與平民有所區別，可由內閣進行處理。凡是大臣、命婦應當得到建坊給區的旌賞時，都要擬出與平民不同的字樣，呈報皇帝欽定，以昭示朝廷的恩寵。〔註28〕可見，旌表中官員親屬與平民的差異是有政策詳加規定的，並且得到了有效的落實。如嘉慶十四年（1809），禮部上奏道：原直隸總督鄭大進的妻子江氏，已年屆一百歲。按照舊例的旌表是「給銀」與「建坊」。但是，江氏是一品命婦，且年屆頤齡，是屬於「熙朝人瑞」，如果給她和普通的平民婦女一樣的旌賞，就顯得沒有任何區別了。換句話說，禮部認同這樣的觀點：江氏作為官員家屬，理應得到比平民婦人更豐厚的旌表賞賜。

　　不只是貴族、官員的家屬，就是他們的下人，在旌表時也存在巨大的差異。清乾隆十一年（1746）規定：平民家庭的下人包括僕婦、婢女、雇工之婦等人以及捕役、賤隸之妻等社會地位較低的女子，如果有幸能得到旌表，最終的賞賜也只是得到旌表常例的一半，同時，他們的牌位是不可以進入祠廟中的。而同樣身為下人，若被旌表為義婢、烈婢或貞婢的是皇宮裏的侍女，通常是都能得到修建牌坊的待遇的。

　　此外，即使是同樣出身為平民的人，也會因為貧窮和富裕的差異，而產生旌表的差異。在明清獲旌的平民中，能夠得到旌表的大多數是富人。以義民旌表為例，如果不是大地主或富商出身，很難拿出達到朝廷標準的錢糧。同樣是基於經濟因素，如果沒有比較好的或者說能保障溫飽與健康的家庭條件，節婦、烈女和上了年紀的老人，也很難熬到得到旌表的年限。因此，貧苦百姓基本上處於被旌表遺棄的角落。即便他們有幸得到鄉老和地方官員的推薦，也很有可能等不及朝廷的相關程序走完。前文所講的黃慎的母親就是一例。她還是後來家境好轉，才能有請旌的機會。對那些家庭始終貧困的百姓而言，恐怕是一點機會也沒有。

〔註28〕清會典事例・卷四〇五〔M〕，北京：中華書局，1991 年，頁 533～534。

（三）民族的差異

　　旌表的差異還體現在民族的不平等上。明清兩朝對少數民族的旌表，整體上要優於漢族。

　　由於明清都同樣奉行儒家思想，所以不只是漢族女子注重貞節，少數民族中也有很多因守節而被旌表的女子。如《明史·列女傳》中記載的招囊猛：「雲南孟璉長官司土官舍人刁派羅妻也。年二十五，夫死，守節二十八年。弘治六年九月，雲南都指揮使奏其事。帝曰：『朕以天下為家，方思勵名教以變夷俗。其有趨於禮義者，烏可不亟加獎勵。招囊猛貞節可嘉，其節令有司顯其門閭，使遠夷益知向化，無俟覆報。』」〔註29〕明成化年間，朝廷還旌表了一位少數民族婦女適由，原因是她為夫守節長達五十年。明憲宗為此下詔：「適由以蠻夷之婦而能守節，蓋漸染中國禮儀之化所致，雖其人死，難拘常例，其特與旌表，以為諸夷之勸。」〔註30〕也就是說，明代對少數民族的旌表常常打破常例，主要原因是對「蠻夷」與「中國」文明差異的認同。這種觀點，實際上是對少數民族的一種歧視。

　　清代的旌表也常出現為少數民族打破常例的情形，但是其本質與明代是大不相同。出於穩固江山的統治目的，清代統治者確立了「首崇滿洲」的原則。清帝對滿蒙宗室十分優待，並由此而惠及至全體少數民族的臣民。從獲得旌表的級別、次數以及賞賜的豐厚程度來看，旗人要比漢人受優待得多。如果旗人本身處於較高的階層，那麼在旌表中會佔有更大優勢。如下表展示的例子：

表21　滿漢旌表案例對照

對照項	滿　人	漢　人
稱呼	覺羅色爾岱	榮孝子
出身	滿洲鑲紅旗人，德世庫七世孫也。	河南遂平人。幼癡聾，無名。家本饒，後中落，貧甚。父卒，無所居，奉母居棲流鋪。
孝行	性篤孝。年十七，父病，醫不效，乃割左臂為糜以進，病稍間，旋殂。事母益謹，母病飲食減，亦減	出乞食，擇所得供母，自食其餘。得少，則但供母，而自忍饑歸。見母必叩頭，食必跪進。母食則起而舞，食

〔註29〕（清）張廷玉等撰，明史·卷三〇一·列女傳〔M〕，北京：中華書局，1979年，頁7707。

〔註30〕明憲宗實錄·卷二百二十七〔M〕，臺灣：臺北中央研究院歷史語，1968年影印版。

	飲食；飲食不能進，憂之，亦輟飲食；母能飲食，乃復常。	減則泣。母或故減食以食子，則泣不受。母七十餘卒，縣人為具斂，朝暮泣，終其身。
旌賞	雍正元年，命舉忠孝節義，以色爾岱應，詔賜白金，旌其門，授銀庫主事，勤其官，遷郎中。	吏以孝子旌其楣，亦不知孝子為何名也。卒亦七十餘。

上表固然反應了民族的不同給旌表帶來的影響，也同時反應了貧富的不同、階層的不同給獲旌者帶來的影響。當然，這並不意味著沒有平等的例子。如對於節婦的補助，清代在政策上並沒有明確偏向，順治十八年（1661）時，朝廷規定對「滿、漢節婦俱一體給米」。〔註31〕可見，不能單純片面地認定旌表中存在嚴重的民族的不平等性。王朝的統治者在制定旌表政策時，會整體考量各類人群、各種手段、各種方法的差異性。

（四）地區的差異

旌表的地區差異也非常明顯。如前文對義夫旌表的統計〔註32〕，就表明清代的義夫多集中在江南，而北方則幾乎沒有一人。這大概與南北方對「義夫」的認可程度以及經濟發展程度有關。依據《清實錄》，本研究對清代獲得義夫旌表的人員地域分布統計如下：

表22　清代義夫旌表地域分布統計

地　域	省　份	時　間	獲旌人數	總　計
南方（長江流域及其以南）	安徽	嘉慶七年	1	10
		嘉慶十二年	3	
		道光七年	2	
		道光二十二年	2	
		咸豐八年	2	
	四川	嘉慶二十五年	1	5
		道光十六年	1	
		道光二十七年	1	
		咸豐五年	1	
		同治三年	1	

〔註31〕清實錄・聖祖仁皇帝實錄・卷四〔M〕，北京：中華書局，1985年，頁82。
〔註32〕詳見表7。

江西	道光元年	2	12
	同治五年	6	
	同治六年	1	
	同治八年	1	
	同治十年	2	
江蘇	咸豐七年	3	3
雲南	道光三年	1	3
	道光二十五	1	
	咸豐元年	1	
浙江	道光四年	2	29
	道光二十八年	5	
	咸豐二年	10	
	咸豐六年	4	
	咸豐九年	1	
	同治四年	1	
	同治七年	1	
	同治九年	5	
廣東	道光二年	1	1
北方（黃河流域及其以北）		0	0

事實上，類似義夫旌表這種比較極端的地域分布情況，是比較少見的。統治者為了教化萬民，旌表名額也會酌情分配到各個省份。如依據《山東通志》的統計，清代山東的守節女子（不包括節烈）約有450多人。這些女子分布在濟南府、泰安府、兗州府等5個有代表性的府縣。而在南方，僅管轄5個縣的泉州地區，依據《泉州府志》的記載，就有1190多位守節女子，其中晉江一縣的名額就超過600名。這種情形在南方非常普遍，使得生於南方安徽而在北方山西做官的清代學者趙吉士感慨道：「新安節烈最多，一邑當他省之半」。〔註33〕

不僅是南方與北方的差異，即便是同一個府的不同縣、同一個縣的不同

〔註33〕羅剛，徽州古牌坊〔M〕，遼寧：遼寧人民出版社，2002年，頁53。

村，旌表的差異也是很明顯的。同樣以泉州府為例，節婦數僅次於晉江縣的安溪縣有 220 多位女子載入府志，而鄰近的同安縣則只有大約 80 名的守節女子，人數大約是安溪的三分之一，是晉江的八分之一。又如徽州棠樾村多次因貞節、孝行、樂善好施而獲得旌表，村口百餘米的甬道上就有七座大牌坊；而附近的宏村、西遞等村莊則遠遠比不了，有的村落甚至一座牌坊都沒有。

有學者認為，南方節婦人數的多寡與紡織業的興盛有關。因為紡織是女子擅長的手藝，能使守節女子自給自足，這就使得織造業興旺的南方對女性的旌表案例多於北方。這種基於經濟分析的推理，同樣適用於對義民、孝子順孫等旌表的地域差異分析。當然，造成旌表地區差異的原因還有很多，如統治者的偏好、地方官的獎勸能力、地方的教育水平等。總之，各種各樣的、看得見或看不見的因素綜合起來，導致了旌表呈現出事實上的地區差異性。

三、旌表的系統性

旌表作為一種重要的國家政策，本身既有獎勵功能，又有教育功能，還有教化功能。從「化民成俗」的角度出發，還有國家治理的功能。旌表的實際功用，決定了它本身具有一定的系統性。

（一）內部系統性

旌表的前提是統治者對儒家思想理念的認同，是統治者對子民教化的需要。但是明清統治者在施行教化時，都在傳統儒家的教化理念中融入了統治者自身的觀點。如明太祖發布「聖諭六言」的同時，要求百姓背誦《大誥》，既講情理又講律法。而康熙帝發布的「聖諭十六條」以及雍正帝發布的《聖諭廣訓》都是既融合了儒家的「仁」「謙」「和」的思想，又有重農、守法等理念包含在內。這種糅合，是旌表的系統性的基礎。

由於旌表理念的廣泛適用性，旌表的對象也是系統呈現的。上到宗室親貴、下到販夫走卒都可能是明清兩朝每年的獲旌者。就旌表對象自身而言，也往往具有系統美德。比如烈婦貞女也同時可能是孝婦孝女。朝廷旌表的累世同居或者義門之中，也多出孝子、順孫。獲旌的義民、義夫也多是孝子義孫。得到旌表的百歲老人，年輕時也做過孝女或者孝子。

由於旌表的對象的多樣性，使得旌表的程序也具有了系統性。比如對於貴族階層和平民階層的請旌者是不一樣的，最後進行旌賞的執行主體也是不一樣的。對於需要向國家繳納錢糧的義民旌表以及不需要交錢的義夫旌表、義門旌表等旌表主體，請旌程序也有不同。甚至在發放旌賞時，不同的階層、不同的旌表事例也有不同的程序和方法。上述的各種不同點，在旌表時都需要系統考慮。總之，所有這些獨特的程序構成了旌表的程序體系，使旌表整體的系統性得到了加強。

由前文對旌表的方式和方法的論述可知，朝廷的旌表手段往往是系統地組合使用。除非遇到財政困難或其他特殊情況，往往是物質性的獎勵與精神性的激勵相結合，常常是既有御書、匾額、敕書等榮譽性旌賞，又有銀兩、黃金、牌坊等物質性獎賞。

總之，基於系統性描述的旌表，不是簡單的由程序、方法、理念等托舉起來的制度或現象，而是一個各要素相互影響相互作用的綜合體，是一個有著嚴密內在運作機制的系統。

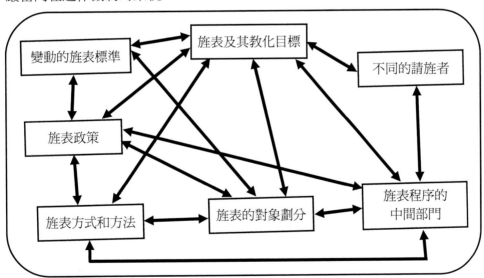

圖 30　旌表的內部系統性

（二）外部系統性

旌表的實施，是無法獨立運行的。從旌表的標準制定到旌表的實施，幾乎需要朝廷各部門、各級別的配合，還需要平民百姓的積極參與。這表現出來的，就是旌表的外部系統性。

　　明清統治者在實施旌表時，依靠的是龐大的官僚階層。所以，旌表自然而然的與官員的考課制度聯繫起來。如《明史》的《志第四十八》在《職官一》中規定「……以貢舉之法羅賢才，以鄉飲酒禮教齒讓，以養老尊高年，以制度定等威，以恤貧廣仁政，以旌表示勸勵，以建言會議悉利病，……」這就從法律層面告知各級官員，為了勸勉、鼓勵轄下子民，旌表是官員工作的分內事宜。清代的旌表制度與官員考課制度的結合則更為緊密。官員可以因為自己的政績和品行直接獲得旌表。如康熙時，朝廷提倡廉潔奉公。那麼，在廉政方面卓有成效的官員就更加容易獲得旌表。這些獲旌官員的事例還會被編成小說或戲劇，以形成榜樣的力量，擴大教化的作用。如《清史稿》中合併做傳的于成龍、彭鵬、陳璸、陳鵬年、施世綸等 5 人。他們都是從州、縣一級的基層官吏，通過自身的努力和清廉，一步一步升遷為封疆大吏的，他們都得到了百姓給與的「青天」名號。他們不僅被康熙皇帝旌表，而且被普通百姓頌揚。《於公案》《彭公案》《施公案》等話本小說，就是以他們為主人公，使他們獲旌的事例以及清正的名聲得到廣泛的傳播，達到「里巷詠其績，久而弗渝」〔註 34〕的地步。

　　旌表在實施過程中，是需要反覆核查的。明清兩朝的風憲官、御史、巡撫、巡按以及禮部、戶部等相關參與人員，都會進行對旌表的核實。所以，旌表也與監察部門和朝廷的監察制度密切相關。由前文所述，旌表如有不實之處，朝廷會下令「罪及有司」。

　　此外，由本研究關於旌表的發展概述可知，旌表從誕生之初就與軍功有密切聯繫。所以旌表天然地與爵祿制度關係密切。

　　從教化的角度出發，為了得到旌表，統治者發布了各種「獎諭」和「聖諭」。同時，朝廷和地方士紳為之編撰了大量善書和教化典籍，並建立了許多的慈善組織。以旌表作為引子或作為重要情節，明清文人還創作了大量的小說、戲劇、話本，在豐富了百姓生活的同時，也把旌表的理念傳揚了出去。可見，旌表與教化的其他手段也是緊密相連。

〔註34〕趙爾巽等，清史稿‧卷二七七‧于成龍等傳論〔M〕，北京：中華書局，1991年。

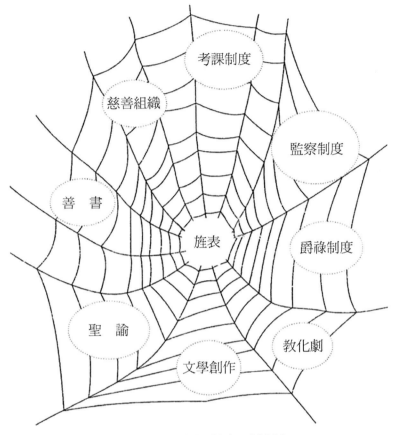

圖31　旌表的外部系統性

　　明清旌表經過借鑒前代的經驗，再結合本朝的實際的情況，既具有前代旌表的一些特色，又發展出了自身的特點。

　　旌表的動態性表現在兩個方面：一是承古開新，在繼承前朝旌表的政策、方法、程序等的基礎上，依據本朝的經濟狀況、財政實力、百姓表現發展出了自己的特點。二是自我調整，結合具體的需要旌表的情勢，充分衡量朝廷和地方的財政狀況，在避免旌表的弊端的同時，做出適當的調整，形成旌表的良性變化。

　　旌表的差異性表現在四個方面：一是性別的差異，除去貞節旌表和一胎多育旌表，在旌表的其他項目中，都是更重視男性；二是階層的差異，宗室、貴族、官員以及富人更容易從旌表中得利；三是民族的差異，雖然出發點不同，但明清兩朝都重視對少數民族的旌表。清代對少數民族旌表的不平等性，也是

基於階層的不平等。四是地域的差異，由於地方官員的教化理念、能力的不同，由於經濟和教育情況的差異，旌表呈現了明顯的地區差異性。

　　旌表的系統性分內部系統性和外部系統性兩個方面。旌表自身的理念、程序、對象、方法等要素相互影響、相互作用，構成了旌表複雜的內部交流體系。旌表還與朝廷的考課制度、監察制度、爵祿制度等密切相關，它受到皇帝諭令的指引，並指導了民間慈善組織、士紳、善人的行為，影響了明清戲劇創作等其他教化手段。

第六章　明清旌表的作用和意義

　　傳統的儒家思想認為，政治統治應當是建立在倫理道德的基礎上，因此要對百姓施行教化，要用「君子之德」來帶領「小人之德」。這種道德理念和倫理觀念的政策保證，就是旌表。

　　在旌表實施的對象和原則中，許多判定是以道德標準來衡量的。但實際的道德標準卻不是道德自身所能代替的。換句話說，這種儒家傳統的道德理念通常總是流露在表面上，在它的骨子裏，其實是權力發揮著決定性的作用。

一、明清旌表的作用

　　古代中國的宗法制度和禮治觀念、傳統的旌表模式和君主專制的政治理念等觀點，都可能會從不同的角度影響並滲透到旌表裏面。

（一）基層控制

　　眾所周知，傳統中國社會的結構是一個金字塔形，處於塔尖的就是九五之尊的皇帝。所有國土上的百姓，都是他的子民。要想讓自己的統治更加穩固，就必須贏得百姓和官僚機構的支持，並同時把他們的言行控制在一定範圍內。相較於武力而言，旌表是更為穩妥、成本更低的一種控制手段。

　　明清兩代，皇帝的權威性是很強的，皇帝可以直接通過自己的旨意或詔令來立法，也可以直接通過自己的旨意和言行來廢除法律；龐大而又秩序井然的官僚階層以及宗族的等級架構是這種專制統治的主要支柱與重要支撐。

在這種格局下，地方、官僚、鄉紳等群體，逐漸確立了最符合自身或自身所處階層的政治利益和經濟利益的共同發展體。由此可見，等級劃分制度成為聯繫傳統中國官僚體系和基層控制體系的橋樑，進一步為形成政治權利各異的勢力範圍劃分以及相應的特權階層劃分確立了界限。這種界限一旦失去柔性只保留剛性的話，勢必會威脅到利益和政治的交匯處的各個特權階層協調發展的關係脈絡。而旌表作為體現皇帝旨意的獎賞方式，能夠以一種相對積極而且柔和的方式來協調各個階層、各個地方的政治、利益關係，並且在一定程度上撫慰底層民眾對官僚階層與特權階層的不滿，成為最「中庸」的一種基層控制方式。

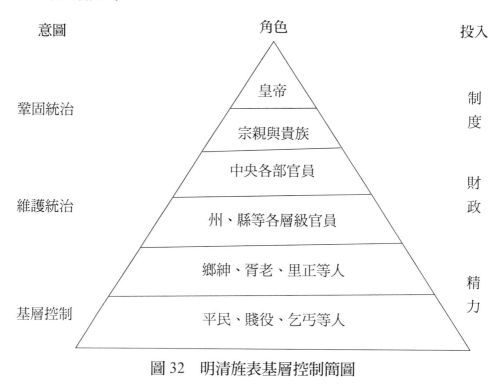

圖 32　明清旌表基層控制簡圖

　　明清旌表的基層控制首先表現在思想觀念的統一方面。明清統治者繼承前代統治者的觀點，選擇了儒家思想作為旌表的指導思想。欽定儒家思想的政治理論或政治控制核心是「禮治」。這種「禮」，並非尋常意義上的人際交往禮節，而是一種社會規範。它包括政治、經濟、法律、軍事、教育、家庭、社會等方方面面的內在的等級秩序。換句話說，明清的社會秩序就是一種禮治秩序。按照費孝通先生的觀點，在傳統中國社會，合於禮的行為就被認為

是做得對的，因為「禮是社會公認合式的行為規範。」〔註1〕這種「禮」的規範是嚴格的，它要求全社會的成員都必須「安時守分」，要按照自己的身份，區分開尊卑、貴賤、上下、親疏來安排各種生產與生活事項。每個人都必須要各守其道，朝廷會視人們的所處階層和具體言行而進行旌表。在這種情況下，旌表和朝廷頒布的其他懲戒制度相搭配，一獎一懲，為百姓樹立統治者所要求的道德風尚起到了有效的塑造作用，同時也體現了以禮代法，以禮代政，以禮代治的禮教思維。也就是說，統治者通過旌表，把「禮」徹底地滲透和貫徹到了體制之中。

其次，旌表是基層動盪時的穩定器。旌表制度以獎勵的方式，代表官方介入地方災荒的賑濟事宜；旌表制度以勸諭的方法，代表朝廷介入民間的弱勢群體救助事務。官府對「樂善好施」「急公好義」等義民義行的旌表，直接解決了災荒時期底層民眾的生存問題，避免了大範圍的搶掠，彌補了朝廷與地方救濟的不足，減少了因「飢寒起盜心」而出現的危害社會秩序的現象，進而從根本上避免了基層的震盪。這也正是明清統治者對義民及義行的表彰非常重視的原因之一。

第三，旌表在實施中，起到了組織協調等公共事業管理的作用。旌表把朝廷鼓勵的道德風化與國家獎勵緊密地聯繫起來，以此來鼓勵各個階層的百姓積極維護社會風教。朝廷對義民的旌表，實際上變相地把維護社會穩定的職責巧妙地安排在富民身上；對義門的旌表，實際上對大家族管理本族的成員、吸納外來的成員設定了較高的道德標準；對孝行的旌表，則暗含著「外孝內忠」「以孝促忠」的教化觀念，宣揚灌輸「家國一體」「忠孝一體」的教化思想，直接培育臣民對統治者的忠誠理念。由於旌表這種效用的穩定性和持續性，以及它對社會關係協調的廣泛性，地方的公益事業和基層管理事業得到了很好的協調與發展，使得各種教化機制能夠在正常的軌道上順利運行，從而促進了朝廷教化目標的實現以及地方民風的淳化與和諧。

最後，旌表作為傳統中國或者說專制時代的一種治理手段，天然地具有不可避免的缺陷。在古代中國，「名」和「利」就像一朵雙生花，總是相互影響共同出現的。單從旌表所帶來的巨大名氣，就可知它背後隱藏著的巨大的利益。所以，才會有前文所講的義民旌表政策的變化以及旌表過程中層層核實的嚴格程序。此外，由於旌表與官僚制度緊密相連，所以它也不可避免地受到官

〔註1〕費孝通，鄉土中國‧生育制度〔M〕，北京：北京大學出版社，1998年，頁51。

僚階層的制約。如前文所講的「旌表有時」可知，旌表的機遇在某種程度上就是百姓與官僚階層的博弈、百姓與政策的博弈。這種博弈往往導致旌表的非正常施行，使得旌表的作用無法正常發揮甚至是產生負面作用。於是，在政治黑暗、吏治混亂、風氣惡劣的情況下，旌表的運行阻力就比較大，無法收到實際的激勵效果；反之，在政治清明、吏治清廉、風氣良好的情況下，旌表的運行助力就比較大，也很容易達到預期的勸化效果。

（二）民間教化

法國啟蒙思想家伏爾泰在著作《風俗論》中認為，中國的法律作用超出了別國的法律的作用，因為其他國家的法律用來治罪，而中國的法律還用來表彰善行，對於民間的符合道德的義行，往往會得到人們的口口相傳。不僅如此，「官員必須奏報皇帝，皇帝便給應受褒獎者立牌掛匾。」〔註2〕伏爾泰所說的「法律」，指的是傳統中國的旌表制度。而旌表所承擔的重要職責，就是教化。

1. 傳統中國的教化

「教化」一詞古代典籍中十分常見，其最早出現於《詩·周南·關雎序》：「美教化，移風俗。」在不同的典籍裏，教化的意思也不盡相同。《說文解字》中對「教化」是分開來解釋的。「教」是會意字，從攴。「攴」的篆體像人手執教鞭。故「教」的含義為「上所施下所效也。」〔註3〕

圖 33 《說文解字》裏「教」的篆體字

「化」的古字為「匕」，也為會意字，其形象好似二人一正一反相倒背靠，表達出變動、轉化的意思。所以，「化」的含義是：「化，教行也」。〔註4〕

〔註 2〕馬小紅，旌表制度與古代道德〔N〕，人民法院報，2003 年，頁 7～28。
〔註 3〕許慎撰，徐鉉校訂，說文解字〔M〕，北京：中華書局，1963 年，頁 69。
〔註 4〕許慎撰，徐鉉校訂，說文解字〔M〕，北京：中華書局，1963 年，頁 168。

圖34　《說文解字》裏「化」的篆體字

　　《辭海》中對教化的解釋主要有兩層含義：一是指政教風化和教育感化。二是比喻環境影響，有「蓬生麻中，不扶自直；白沙在涅，與之皆黑」的內涵。〔註5〕本研究所提到的教化，主要是政教風化、教育感化的意思。也就是古人所說的「以道教民」「以教化民」，即用道德教育來提升百姓的修養，從而使民間的風俗純正。〔註6〕賈柄棣對教化進行論述時指出：教化，就是「教以化之」的簡稱，教化也被稱為風化、王化、道化、風教、德教、訓導等。他認為，「教化就是按照符合統治階級利益和意志的道德規範來教育、感化民眾，達到維護社會秩序，鞏固統治的目的。此即所謂『經術尊則教化美』（柳冕），『教化美而風俗美』（董仲舒），從而『天下安寧』。」〔註7〕這種含義更貼近《社會學詞典》對教化的解釋，即教化「是個人社會化的客觀條件，是生物的人變成社會人的過程」。〔註8〕

　　傳統中國對「教化」一詞的使用，即所說的「政教風化」，常常體現在兩個層次上。

　　第一層是指政治倫理措施，即儒家所提倡的治國方略或者說德治傳統。這就是孔子所說的：「道之以政，齊之以刑，民免而無恥。道之以德，齊之以禮，有恥且格」。〔註9〕這種政治教化的目的在於通過勸民、化民、教民、正民，來達到維護禮制、鞏固統治的目標。按照董仲舒的觀點，百姓對於禮儀的追究，就好像水往下流，如果不修築「教化」這座堤壩，就無法起到阻止的作用。所以，古代的明君都知道，確立教化就能阻止姦邪，而廢除教化就會引出

〔註5〕辭海編輯委員會，辭海（下）〔M〕，上海：上海辭書出版社，1999年，頁4175～4176。
〔註6〕張錫勤，試論儒家的「教化」思想〔J〕，齊魯學刊，1998（2）。
〔註7〕門巋主編，中華民族優秀傳統匯典（下冊）〔M〕，天津：天津社會科學院出版社，1991年，頁1821。
〔註8〕張光博，社會學詞典〔Z〕，北京：人民出版社，1989年。
〔註9〕楊伯峻譯注，論語譯注〔M〕，北京：中華書局，1980年，頁12。

姦邪，「是故南面而治天下，莫不以教化為大務。」〔註10〕這一點，費孝通先生講得很清楚：中國傳統社會是一個禮治社會，它由「長老統治」。社會公認的行為規範是禮。禮的推行並不靠外在的權力，而是通過教化，養成個人對禮的敬畏感，並使人服膺。〔註11〕

教化的第二層含義則是針對個人修養來說的，即詹世友所認為的，教化需要倫理道德、價值理念、社會規範的引導和塑造，是個人的心靈和情感在這些因素的印象下所產生的自我感受，這種影響「漸滋浸漬，潛移默化，性與習成，即獲得了教化。」〔註12〕這個解釋包含有個人政治社會化的內涵，意味著自然人在成為社會人的過程中，必須接受主流意識和道德的影響。〔註13〕在傳統社會，最有影響力，最注重個人修養、講究「慎獨」的就是儒家文化。

2. 明清旌表與教化

由上述可知，傳統社會的教化就是用儒家倫理以及統治者所提倡的道德綱常來教育臣民、塑造社會風氣，通過把民眾培養成儒家要求的「君子」和「順民」，來達到建立和維護統治秩序，控制和整合基層社會的目的。

這一點，明清統治者是有共識的。《大明會典》（申時行等重修）中的《到任須知一》在對官員的入職規定中，就明確了旌表的功能：「移風易俗，在於激勸善良。所屬境內，或有孝子、順孫、義夫、節婦，孝行可稱、節操顯著、已行旌表者，必須報知數目。其有未經旌表者，必須親自體訪的實，申請旌表，以勵風俗。」〔註14〕短短一段對官員的規定，從「移風易俗」「激勸善良」「以勵風俗」這十二個字就可看出，旌表的功用是重在「教化」。《大清會典》中很多涉及到旌表的條例，直接就放在《禮部》的《風教》篇裏。事實上，早在清朝入關之前，努爾哈赤就指出：「為國之道，以教化為本。移風易俗，實為要務。誠亂者緝之，強者馴之，相觀而善，奸惡何自而逞？」也就是說，努爾哈赤把教化作為治國之本。他的後人自然是嚴守祖訓，如康熙皇帝就表態：「朕

〔註10〕班固，漢書·卷五十六·董仲舒傳〔M〕，北京：中華書局，1962年，頁2503。

〔註11〕費孝通，鄉土中國·生育制度〔M〕，北京：北京大學出版社，1998年，頁50～51。

〔註12〕詹世友，道德教化與經濟技術時代〔M〕，南昌：江西人民出版社，2002年，頁5。

〔註13〕江淨帆，「教化」之概念辨析與界定〔J〕，社科縱橫，2009年，（1）。

〔註14〕（明）申時行，大明會典·卷九〔M〕，北京：中華書局萬有文庫本，1988年，頁55。

惟至治之世，不專以法令為務，而以教化為先」。可見，教化的地位與法令至少是相當的，甚至有超越之勢。

　　由前文對「禮」與旌表的論述中，可知在傳統中國，民眾對某人言行的對錯衡量標準，看的是其是否符合於禮制，而不是看它是否符合律法。因為這種「禮」不僅是統治者所提倡的道德標準，也是幾千年來百姓們生產生活經驗的總結和積累，也就是費孝通所說的「愈是經過前代生活中證明是有效的，也愈值得保守。」〔註15〕而老百姓們能夠非常容易地接受朝廷所提倡的旌表的獎勵模式，就是源自「禮」的觀念對於百姓所起的巨大的教化和滲透作用。因此，無論是從旌表的表面來看，還是從內心感覺上來說，「禮」都給人一種特殊的制約因素，影響著百姓對於旌表的認識，使百姓對它的認識越來越深刻。

　　此外，旌表對「禮」的提倡，也是對「善」的提倡。所以，朝廷、地方、士紳等人才會為了民間風教發行大量的善書和教化類讀物。而且，「善」的觀念在民眾心中沉澱的歷史比「禮」更為悠久。上至天子，下至百姓，傳統中國百姓內心中一直深植著「報應」的觀念，就是相信上天或神佛會給與善行應有的獎勵，即所謂的「積善之家，必有餘慶；積不善之家，必有餘殃」。這也在一定程度上為符合於「禮」的旌表，提供了強大的教化的土壤。如沈鯉《勸輸文》中對百姓的勸導：「濟人利物，無過凶年饑歲，與人盂飯，可當斗粟；舉我一念，可活一人。故欲積陰德行好事者，惟此時最得力，亦惟此時最省事。神明降鑒，惟此事最分明，亦惟此事最錫福。諸君如欲為今生、為來世、為身家、為子孫，當無逾此者。」〔註16〕可見，統治者對義民和義行的旌表，是符合百姓的行善的心理特徵的，是具有天然的合法性的。這種旌表的實施不僅僅是賑濟百姓、緩解災情、避免騷亂、穩定秩序，更重要的是在一定程度上改變了有錢人「為富不仁」的舊形象，而代之以「富而好義」「富而好禮」的新形象，激勵更多的人為「義」、為道德、為旌表而積累財富。從這個角度出發，旌表作為一種道德獎賞，起到了鼓勵後人的作用，使社會救濟與救助行為具有更長的持久性。如明代溫州的許善繼在憲宗時響應朝廷詔令，為軍隊和國家捐出 8000 石的糧食。他本人被立石旌表，得到散郎的職位。但更重要的是，他

〔註15〕費孝通，鄉土中國‧生育制度〔M〕，北京：北京大學出版社，1998 年，頁51。

〔註16〕俞森，荒政叢書〔Z〕，叢書集成初編本。

成為鄉飲酒禮的大賓而聞名天下，使得「邦人多化之」〔註17〕。換句話說，就是旌表一個人，教化千萬家。

在這種情況下，為了取得旌表、為了教化百姓而編寫的善書、教本大量出現。如明代王守仁編撰的《教約》、呂坤編寫的《好人歌》，清代顏元編撰的《喚迷途》、尤侗編寫的《戒賭文》……。這些作品無不滲透著朝廷諭令的思想，均能幫助百姓有效地處理好人與人、家與家之間的關係。在宣傳教化的同時，也在一定程度上起到了「化民成俗」的作用。

此外，更為百姓所喜聞樂見的則是各種教化劇的出現。這些戲劇同樣宣揚善的理念，同樣為民間風氣的改善提供了很大的助力。如《殺狗記》的第三十六齣《孝友褒封》中講：「世間難得為兄弟，賢閫調和更罕稀，連表門閭教人作話兒。姦邪簸弄禍相隨，孫氏全家福祿齊。奉勸世人行孝順，天公報應不差移。」這就是民間關於兄弟和睦相處、夫妻共渡難關的觀念反應。劇中的孫榮受到哥哥孫華的不公平待遇，卻在關鍵時刻替哥哥分解憂難，保全了兄弟情誼，也反映了兄弟血緣關係牢不可破的「孝悌」觀念。孫榮因此而得到「孝友褒封」，也是一種旌表。

除去上述，民間還流傳有表現孝道的戲劇《躍鯉記》《薛包認母》；表現守節、教子成才的戲劇《守貞節孟母三移》；表現妻烈夫忠的戲劇《絞綃記》等。還有些戲劇幾乎囊括了旌表所需的「忠、孝、節、義」的各個條目。如沈鯨的《雙珠記》所講述的故事：王楫被徵召從軍，他的上司卻對王妻郭氏不懷好意，導致王楫被監禁。在這期間，郭氏守節不從，展現了女子的傳統美德。後來王楫的兒子王九齡中舉做官，得以「揚名聲，顯父母」，王楫也因立功而受封，最終得到夫妻重逢、全家團圓的結局。可想而知，百姓們在看過這些戲劇後，會對旌表所旌賞的「忠臣」「節婦」「孝子」「義夫」等對象有更直觀的瞭解。總之，這些教化劇使得旌表所推崇的各種理念深入人心，也使得社會風氣得到好轉。

明人充分肯定了教化劇的作用，並在闡述其影響時認為：「建文四年之中，值太祖朝紀法修明之後，朝廷又一切以惇大行之，治化幾等於三代。一時士大夫崇尚禮儀，百姓樂利而重犯法，家給人足，外戶不闔，有得遺鈔於地，置於簷而去者。」〔註18〕這話雖然含有歌功頌德的成分，但也表明了明

〔註17〕康熙永康縣志〔Z〕，臺北：成文出版社，1983年。

〔註18〕（明）陸粲等，客座贅語·卷一·革除〔M〕，北京：中華書局，1987年。

代的社會風氣較元代有很大好轉。清朝人對戲劇教化作用的理念比明朝人更直接。他們認為，戲曲就應該表現傳統的道德倫理，起到化民成俗的作用，如李漁所說：「可傳與否，則在三事，曰情、曰文、曰有裨風教，情事不奇不傳，文詞不警拔不傳，情文俱備而不軌乎正道，無益於勸懲，使觀者、聽者啞然一笑而遂已者，亦終不傳。」〔註19〕正是基於這樣的觀點，很多清代的戲劇家直接把明代教化劇的名稱拿來再創作，使統治者的教化思想、旌表的教化理念在戲劇中隨處可見。這也是明清兩朝的旌表和教化極其相似的一個重要例證。

　　結合前文所述旌表的程序、方法等內容，以及本小節所述的教化手段，本研究梳理出了旌表的教化流程圖。

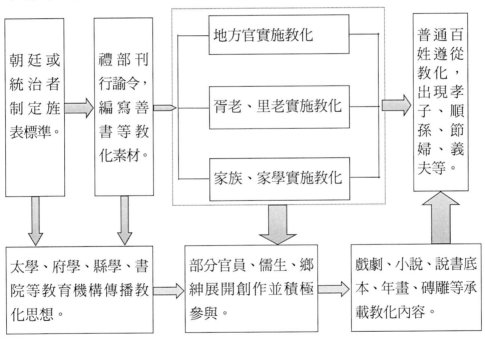

圖35　旌表的教化流程圖

　　由圖可知，為了達到教化民眾、穩定社會的目的，朝廷把旌表與教化的各種手段、各種方法進行組合，採用多渠道、多途徑來實施意識形態教育，以期最大程度地起到鞏固統治的目的。

<hr />

〔註19〕（清）李漁，笠翁一家言二集‧卷三‧香草亭傳奇序〔M〕，杭州：浙江古籍出版社，1991年。

二、明清旌表的意義

天下熙熙，皆為利來；天下嚷嚷，皆為利往，由旌表帶來的巨大名利可知，傳統中國的百姓對旌表始終抱有強烈的感情。畢竟，對絕大多數人來說，旌表是可遇不可求的，能夠得到朝廷的旌表可以說是畢生的榮耀，這表明旌表在古代中國，始終有著適宜扎根和生長的土壤。

（一）對國家的意義

由前文所述可知，旌表是弘揚仁、義、忠、孝、節、廉等傳統儒家理念和傳統社會道德的一種獎勵和激勵機制。這使得旌表作為社會教化體系中不可或缺的重要組成部分，在千年的光陰裏，始終能夠得到統治者的青睞。儒家的傳統道德在程頤、朱熹等人的傳承改良後，發生了很大的變化。這帶來的一個重要改變，就是統治者會把有利於本朝統治的一些新道德納入旌表的範圍。明清作為傳統道德以及傳統教化的集大成時期，在旌表的對象、範圍、方式等方面的發展，都超過了前代。

對統治者而言，只要把「孝子」「順孫」「節婦」「貞女」「義民」等稱號以及皇室眼中不值一提的少量旌賞，賜給那些符合朝廷旌表標準的人群，就能產生「羊群效應」。其他人會在獲旌者這類「頭羊」的引領下，如「群羊」般幾乎是沒有任何思考地朝著取得旌表的路途匯聚。可以說，統治者正是利用旌表，把政權延伸到社會的最底層。在這一意義上，旌表就好比毛細血管，源源不斷地為國家這個龐大的巨人輸送著教化的血液。

此外，旌表作為實施教化的重要手段、重要方式、重要載體，在促進朝廷教化內容的普及和傳播方面，發揮了重要的作用。它從客觀上促進了官方文化的下移，促進了民間通俗文學的發展；它促進了民眾世界觀、人生觀的塑造，促進了統治階層的核心價值觀在民間的推廣；它還直接促進了基層社會的分化，使得底層平民有向社會更高階層流動的渠道，在實質上推動了社會的進步與發展。

綜觀整個明清時期，旌表不僅激勵了武將的英勇、文官的清廉，而且鼓勵了百姓不斷提高自我素養，鼓舞了平民努力學習文化，在一定程度上提高了基層社會的整體素質，使得社會穩定、鄉鄰和睦、百姓安居樂業、士紳樂善好施，減少或避免了各個階層、各個群體之間的摩擦和衝突，調動了王朝子民追求道德修養的積極性，並給社會帶來良性的自我修復和健康發展的美好前景。

（二）對家族的意義

「孝」是旌表的重要理念。朝廷旌表孝行，實質上旌表的是家庭成員的良好關係。這使得孝無論在理論上，還是在生活的實踐中，都始終保持著統一的含義。孝在家庭內部的衍生就是悌，悌常用來指導家族內部的平輩間的關係。悌主要要求兄弟姊妹中排行靠後、年齡較小的人要對排行靠前、年齡較大的人表示尊敬和順從。換句話說，就是「父母不在，長兄為大」，賦予了兄長父親的地位和權威，使得孝與悌有機地聯繫在了一起。這種觀念發展到後來就是「長兄如父，長嫂如母」，使得家族內部的長、幼關係變得更加鮮明而嚴肅。和睦的家庭關係不易導致分家，這為同居共財、累世同居的旌表提供了基礎。於是，為了取得「義門」的美稱，家族必須處理好自己的內部關係。而為了取得「節孝」「貞女」「烈婦」等的旌表，使得家門榮耀，也往往需要整個家族對孝子或守節女子予以支持，同樣需要協調好內部關係。

為了維持良好的家族內部關係，很多大家庭都制定了家法族規。這些規約雖然流行於民間，但卻滲透著官方意識，符合統治者所提倡的傳統道德，客觀上為人們取得旌表提供了教育機會。而且，獲得旌表的家族往往是地方的「權力精英」，在鄉里能夠形成自己的權力場域。所以，旌表在某種程度上成為了世家大族出現與發展的催化劑，成為了家法族規的指導原則。

如前文提到的歙縣鮑家的故事，他們家之所以能得到旌賞，一個重要的原因就來自於家規的教育。乾隆二十五年（1760），鮑光純在《重編歙縣棠樾鮑氏宗譜》中的《繆序》中，就明確規定了族譜的修訂原則：「以忠孝為基，以仁厚為訓，以利濟為懷」。在這樣的家法教育下，鮑氏一族成為遠近聞名的旌表世家。在其所聚居的棠樾村口，按照「忠、孝、節、義」的順序，由東西到中間，以「義」字牌坊為中心，共有 7 座牌坊按半弧形展開。「人欽真孝」「節勁三冬」「樂善好施」等高大的牌坊，不僅無聲地訴說了鮑逢昌、鮑義淵妻、鮑文齡妻等人的故事，而且勉勵了鮑氏後人謹守家法、嚴遵家訓，為取得旌表而繼續努力。

有了類似鮑氏一族的榜樣，很多家族甚至直接把皇帝頒布的「聖諭」收錄入家法中。一方面因為「聖諭」中確實包含了很多做人的道理，另一方面也因為「聖諭」是旌表標準的濃縮版本。如清代的《吉水橋南羅氏七修族譜》中的《家訓》，就明確告訴子孫：聖諭是皇帝教化百姓的重要方法，是萬世都不可更替的「大訓」。所以，羅家在祭祀時，將全族老幼聚集在一起，選擇聲音

洪亮的人朗讀聖諭，以使族人能都領會聖諭的精神，接受傳統道德的洗禮，從而「移孝作忠」，達到朝廷的旌表標準。這正如福柯所講的：「規訓是一種解析」，禁錮人們思想、言行的家族成為「權力眼睛」的象徵。〔註20〕

這種家族法規在家國同構的社會秩序中，對個人的約束力相當於朝廷或地方的法規條例，既引導著族人接受教化的方向和修養自身的方向，也規範著族人的思想、言行和生活的方式。

（三）對個人的意義

傳統中國有一種理念，長久地扎根於士庶百姓的心中，這種觀念就是：「顯祖宗於地下，歡父母於生前，榮妻子於當時。」〔註21〕這也正是統治階層為了鞏固江山，所大力提倡的。而旌表的施行，很好地推行了朝廷提倡的倫理道德，很好地切合了眾人光宗耀祖的心態，很好地滿足了普通百姓講究「面子」的需求，因此能在很大程度上激勵民心。旌表光環下積累起來的好評或好名聲，在百姓眼中，也是與身邊人打交道一種資本。

正如費孝通所指出的，中國基層鄉土社會十分重視人際關係，社會關係其實是私人聯繫的增加，也就是一種從個人推及眾人的差序格局。因此，「社會範圍是一根根私人聯繫所構成的網絡。」〔註22〕明清的社會關係網絡正是這種差序格局，這就意味著生活於熟人社會的明清百姓，人們之間熟悉的程度常常達到「可以用腳步聲來辨別來者是誰」〔註23〕的地步。可以說，幾乎每個人都處於他人的監視與考察的視線之內。

由上述可知，如果部分人員的行為與言論超越了「合式」的規範，違背了約定俗成的民風或集體制定的鄉約，就會受到家人的譴責與批評，受到社會輿論的批判與聲討，甚至受到族規家法的懲治而被家族所驅離；但若由於自己的努力和機遇受到旌表，則不僅是自己面上有光，家人揚眉吐氣，家族為之慶賀，而且很可能延及閭里，讓鄉鄰、地方遊子都與有榮焉。如果說這種利益還

〔註20〕（法）埃里蓬著，謝強等譯，權力與反抗——米歇爾‧福柯傳〔M〕，北京：北京大學出版社，1997 年，頁 260。

〔註21〕吳曉玲，略論明代的律、令、誥、例〔J〕，南昌大學學報（人文社會科學版），2003 年，（6）。

〔註22〕費孝通，鄉土中國‧生育制度〔M〕，北京：北京大學出版社，1998 年，頁 26。

〔註23〕費孝通，鄉土中國‧生育制度〔M〕，北京：北京大學出版社，1998 年，頁 13。

只是屬於抽象的精神層面的獎賞,只是在社會地位和名氣大小方面有所變化,那麼百姓在旌表中得到的減免徭役、獎勵粟帛、御賜錦緞等利益則屬於實實在在的物質層面的獎賞。馬克思和恩格斯認為:「對於各個個人來說,出發點總是他們自己」。〔註24〕可見,正是依靠旌表帶來的雙重利益,百姓們才把對傳統美德的追求真正轉化為內在的原動力。

此外,旌表還可以讓人擺脫原本的「污名」,從而獲得更好的生活。如民間的寡婦、乞丐等人群,本來是人人嫌棄的群體,直接被他人貼上了異端的「標籤」。可他們一旦獲得旌表,取得「社會中擁有權力、以確保其解釋或『標籤』具有最大威力與法力的群體」〔註25〕的認可,他們就能堂堂真正地參與公共活動,甚至成為榮譽的象徵。

由上述可知,明清旌表作為統治者向百姓宣傳本朝道德理念的重要手段,不論是在基層控制還是在民間教化方面,都發揮著重要的作用。

明清旌表作為獎勵手段,從物質和精神兩個層面統一了百姓的思想,讓他們能夠認同朝廷所提倡的倫理道德。基於旌表所展開的民間救助活動,讓旌表成為了防備基層社會動盪的穩定器。而旌表的效用的穩定性和持續性,則使它為基層公共管理和公益事業的開展提供了便利與橋樑。

旌表自身對傳統道德的提倡,使得它天然地具備了社會教化的責任與能力。統治者提倡旌表,本身就意味著對教化的提倡。旌表通過對符合於「禮」「善」等行為的賞賜,不僅使百姓言行美好,而且促進了善書、教化劇等民間文藝作品的創作與流傳。

旌表作為實施教化的重要手段、重要方式、重要載體,無疑對國家治理有重要的意義。統治者正是通過旌表,使朝廷提倡的核心價值觀在民間得到有效流傳,進而使社會得到良性的發展。

旌表所提倡的各種美德,有助於調節和調整家庭成員間的關係,從而維護了家族的整體性,確保了累世同居的出現。為了取得旌表,很多家族制定了家法、族規,這些規約以引用「聖諭」的方式,表明了對旌表的追求。

家族對旌表理念的認可,直接引導了族人或家庭成員對旌表的追求。旌

〔註24〕中共中央編譯局,馬克思恩格斯選集‧第一卷〔M〕,北京:人民出版社,1995年,頁147。

〔註25〕(美)約翰‧費斯克等著,李彬譯,關鍵概念:傳播與文化研究辭典〔M〕,北京:新華出版社,2004年,頁147。

表不僅能夠使家族稱譽於地方，而且能使個人揚眉吐氣。由於傳統中國社會是熟人社會，個人取得旌表有助於擺脫本身的污名，有助於自身地位的提高，從而在熟人社會中得到相應的名氣、地位和利益。

研究感言

　　整合涉及到旌表的各種資料，透過文獻字裏行間的表述，研究者們會發現旌表不是一個簡單的現象，也不能單純用「制度」一詞來刻版地描述它。它是一個複雜而有序、嚴肅而有機的體系。它是一個有著內在運作機制的整體。它不是一盤大雜燴，而是一份精心烹飪的大菜。即便是其中有著各種各樣的瑕疵，也難掩其透出的匠心獨運。

　　在統治者眼裏，旌表是手段、是方法、是激勵官員的有形的機制，是化育百姓的隱形的教鞭。他們規定了旌表的運行思維和內在邏輯，他們選擇了旌表的指導思想和理論基礎，他們把旌表捏在手心裏，隨意添加或刪減旌表的條目，隨意改動或保留旌表的要素，隨意把自己的意志貫穿到旌表的方方面面。當然，他們的隨意常常是建立在不動搖國家根本的基礎上。一旦他們發現王朝的收入有所減少，或者自己的內庫財源不足，那麼降低旌表的成本、縮減旌表的費用，是他們的必然選擇。他們掌握著旌表，就像手提著驢子眼前的胡蘿蔔，在督促驢子前進的同時，幾乎不會得到任何大的損失。

　　在官員眼裏，旌表是具有雙面性的。幾乎所有的官員都會期望得到「忠」的旌表，但是，表露出追求旌表的野心，一來會遭到同僚猜忌，二來未必得到皇帝的欣賞，三來則分散了朝廷「教化百姓」的關注點。所以，明清官員特別是地方主管風教的官吏，在旌表方面大多收斂了「向上看」目光，而把眼光投在轄下人群的旌表上。畢竟他們承擔著發現旌表、上報旌表的職責，還要按程序接收審批好的文書，向下實施旌表。對他們來說，旌表是業績，轄地旌表的數量增多，也是自己政績的良好體現。當然，這並不排斥他們對自己的家人、對自己的族人進行相關的點撥。

在平民眼裏，旌表是名譽、是利益、是個人地位的增高、是家族榮譽的提升、是參與公共事務的權力、是除去科舉外向上流動的另一正途。他們為了旌表，或者努力賺錢、或者苦守寒窰、或者勉力孝親，甚至是摧殘肉體、喪失生命、戕害他人而在所不惜。他們一面羨慕、嫉妒、學習、評論著他人的旌表，一面按照統治者的要求塑造自身和家人，追索、找尋、謀求自己的旌表，直至生命的終結。然後，再把這樣的理念刻進族規、寫入家法、錄進家訓裏，以期子孫後代能有所成就，為自家掙得一份旌表的榮耀。

在研究者眼裏，旌表是明清會典中大段大段的條文，是史書上一個一個的名字，是小說中一幕一幕的悲歡離合。它像一把鑰匙，打開了國家治理的道德之門；它似一面鏡子，映照出基層控制的層層程序；它是一個教化研究的重要抓手，通過它能牽出聖諭、善書、教化劇等一大串的研究課題。它時常帶來「研究透徹」的假象，而把更多的細節、更多可遷移的子課題埋伏在階段性成果之下。

在理解了「旌表是什麼」的問題後，「旌表有何用」則自然而然地成為了重要的關注點。

相較於衝突、戰爭、文字獄，旌表無疑是柔和的。它就像一瓶潤滑劑，在國家機器的運作中，緩和著上、下層的衝突。相對於剛性的專政手段，它是種非常柔性的治理。它展現了統治階級最溫情的一面，它展示了社會教化最溫柔的一面，它顯示了專制政權最和藹的一面。

如果科舉對於統治者而言，是讓「天下英雄盡入彀中」，那麼旌表則是讓「天下平民盡入彀中」。為了取得旌表，百姓們努力讓自己變得謙和、溫順。他們花費了大量的精力孝順長輩、慈愛晚輩，他們花費了大量的時間樹立形象、培育美名，他們還需投入大量的心力來結交里正或地方官以期取得旌表，在這之後，他們還會耗費大量的資財來修建牌坊、寶藏敕書，進一步擴散自己的榮耀。這一生，很多人不是在追求旌表的路上，就是在申請旌表的路上，甚至至死也未能走到旌表的終點。試問，他們還有心思考慮個人權益的保障、地方治理的優劣、國家吏治的清濁嗎？

更重要的是，旌表還是一瓶調和劑。它促進了國家財富、地方財富的再分配。獲旌者中的貧苦人從中得到的金錢、布帛、糧食可能並不多，但畢竟能在一定程度上緩解經濟困難。而且由於旌表的客觀存在，意圖請旌或取得旌表的人，自然會想法設法把資金投入到與旌表相關的事業中去。如善書、女教讀

物的編寫、出版與發行，又如養濟院、清節堂、育嬰堂對老人、寡婦和孩子的救護，也如修橋鋪路、興建學堂、加固城防、興修水利等種種的善行義舉。

旌表還像一瓶緩和劑，它直接調節的是人與人之間的關係。為了滿足旌表所提倡的種種道德，人們往往會收斂起自己的暴躁脾氣，用溫和、體諒、謙抑來面對家人和朋友。為了滿足得到旌表的條件，人們即使素不相識，也會伸出援手，捐出大筆資金，緩和地方災情。為了掙得鄉里或地方的榮耀，人們即使彼此憎恨，彼此階層不同，也會為了家族、地方的榮譽拋卻內部矛盾，聯起手來共同前行。那一座座的祠堂和牌坊背後，不只是有斑斑血淚與苦痛煎熬，還有宗族傾力的教導、同舟共濟的情誼與齊心戮力的溫馨。

此外，旌表還是文藝創作的催化劑。它自身就有著豐富而深刻的內涵，從旌表的理念中透露出來的聖人教誨、帝王教諭，隨意拿來，都是讓人挑不出錯的主題。旌表所彰顯的「孝子」「順孫」「義夫」「節婦」「烈女」「義民」「百歲老人」……無不有著各自的故事，為筆記、小說、戲劇提供了大量的直接素材。而圍繞請旌的艱辛，圍繞旌表程序的運行，圍繞旌賞下發的結果，更是產生了不少離奇而動人的傳說，為百姓們茶餘飯後增添了大量的談資。

旌表同樣也是學術研究的增稠劑。在梳理完明清旌表的史料後，筆者一直在思考：旌表與「禮法」更深層次的聯結究竟落在哪個維度上，旌表與中國古代財政的關係能否畫出詳細的關聯走勢圖，旌表和稅收之間究竟有什麼樣的關係，旌表和國家的貨幣政策的相關性有多大，是否能找出旌表和朝廷治理要素之間的「sig 值」，是否能通過更進一步的梳理統計，得出旌表的數據模型或建立旌表的統計公式……上述種種，可能需要花費十數年甚至數十年的努力，這正是旌表帶來的思考的樂趣，也是學術帶來的研究的樂趣，越是深入，就會越覺得艱難，也會越覺得其樂無窮。

參考文獻

一、古代文獻

關於明

1. 明實錄〔M〕,臺北:中央研究院歷史語言研究所校印,1962 年。

2. (清)張廷玉等撰,明史〔M〕,北京:中華書局,1974 年。

3. (明)翟善等,諸司職掌〔M〕(續修四庫全書),上海:上海古籍出版社,2002 年。

4. (明)李東陽,大明會典〔M〕,中華書局萬有文庫本,1988 年。

5. (清)夏燮,明通鑒〔M〕,北京:中華書局,1959 年。

6. (清)龍文彬,明會要〔M〕,北京:中華書局,1956 年。

7. 懷效峰點校,大明律〔M〕,瀋陽:遼瀋書社,1989 年。

8. (清)谷應泰,明史紀事本末〔M〕,北京:中華書局,1977 年。

9. (明)黃宗羲,明儒學案〔M〕,北京:中華書局,1987 年。

10. (明)王世貞,弇山堂別集〔M〕,北京:中華書局,1985 年。

11. (明)王世貞,觚不觚錄〔M〕,欽定四庫全書,子部十二,小說雜家類一。

12. (明)沈德符,萬曆野獲編〔M〕,北京:中華書局,1959 年。

13. (明)王圻,續文獻通考〔M〕,臺北:臺北文海出版社,卷八十三。

14. (明)陳子龍,明經世文編〔M〕,北京:中華書局,1962 年。

15. (明)焦竑,玉堂叢語〔M〕,北京:中華書局,1981 年。

16. (明)葉盛,水東日記〔M〕,北京:中華書局,1980 年。

17. (明)陸容,菽園雜記〔M〕,北京:中華書局,1985 年。

18. （明）黃淮，歷代名臣奏議〔M〕，上海：上海古籍出版社，1989 年。

19. （明）陳建，皇明通紀〔M〕，北京：中華書局，2007 年。

20. （明）謝肇，五雜俎・卷八・人部四〔M〕，北京：中華書局，1959 年。

21. （明）歸有光，震川先生集・貞女論〔M〕上海：上海古籍出版社，1981 年。

22. （明）沈德符，萬曆野獲編〔M〕，北京：中華書局，1997 年。

23. （明）李清，三垣筆記〔M〕，北京中華書局，1997 年。

24. （明）凌蒙初，二刻拍案驚奇〔M〕，武漢：湖北人民出版社，1996 年。

25. 馬蓉、陳抗、鍾文、樂貴明、張忱石點校，永樂大典方志輯佚〔Z〕，北京：中華書局，2004 年。

26. 天一閣藏明代方志選刊，（嘉靖建陽縣志）（正德建昌府志）（嘉靖河間府志）〔Z〕，上海：上海古籍書店，1982 年影印。

27. 中國方志叢書・浙江通志（嘉靖四十年刻本）〔Z〕，成文出版有限公司，1983。

28. 中國方志叢書・杭州府志（萬曆七年刻本）〔Z〕，成文出版有限公司，1983 年。

關於清

1. 清實錄〔M〕，北京：中華書局，1987 年。

2. 趙爾巽等，清史稿〔M〕，北京：中華書局，1991 年。

3. 大清會典（康熙朝）〔M〕，北京：中華書局，1991 年。

4. （清）允祹等奉敕，欽定大清會典〔Z〕，（文淵閣四庫全書本），臺北：臺灣商務印書館，1983 年。

5. （清）福載等纂修，大清會典事例（嘉慶）〔Z〕，臺灣：文海出版社，1970 年。

6. （清）錢實甫編，清代職官年表〔Z〕，北京：中華書局，1980 年。

7. （清）紀昀等纂修，李洵等點校，欽定八旗通志〔Z〕，長春：吉林文史出版社，2002 年。

8. （清）徐本等，大清律例〔Z〕，文淵閣四庫全書本，臺北：臺灣商務印書館，1983 年。

9. （清）王士禎撰・池北偶談〔M〕，北京：中華書局，1982 年。

10. （清）陳立撰，白虎通疏證〔M〕，北京：中華書局，1994 年。

11. （清）趙祖銘著，張建國，賈瑋點校，清代文獻邁古錄〔M〕，北京：大眾文藝出版社，2003 年。

12. （清）祝慶祺，鮑書芸，潘文舫，何維楷編，刑案匯覽〔M〕，（三編）

北京：北京古籍出版社，2000 年。

13. （清）沈家本撰，歷代刑法考〔M〕，北京：中華書局，1985 年。

14. （清）畢沅編著，續資治通鑒〔M〕，中華書局，1957 年。

15. （清）李寶嘉，官場現形記〔M〕，濟南：齊魯書社，2003 年。

16. （清）吳敬梓，儒林外史〔M〕，濟南：齊魯書社，1994 年。

17. （清）毛奇齡，西河合集・禁室女守志殉死文〔M〕，上海：上海古籍出版社，1990 年。

18. （清）錢泳，履園從話〔M〕，北京：中華書局，1979 年。

19. （清）錢大昕，潛研堂文集・卷 8〔M〕，上海：上海古籍出版社，1989 年。

20. （清）方苞，方望溪全集・岩鎮曹氏女婦貞烈傳序〔M〕，上海：上海人民出版社，1983 年。

21. 中國方志叢書・516 號・海寧縣志（乾隆三十年刻本）〔Z〕，成文出版有限公司，1983 年。

22. 中國方志叢書・77 號・桐鄉縣志（光緒十三年年刻本）〔Z〕，成文出版有限公司，1983 年。

其他

1. （漢）毛亨、鄭玄，（唐）孔穎達，毛詩正義〔M〕，北京：北京大學出版社，1999 年。

2. （清）孫星衍，尚書今古文注疏〔M〕，北京：中華書局，1986 年。

3. 阮元，十三經注疏・周禮注疏〔M〕，北京：中華書局，1980 年。

4. （戰國）左丘明，春秋左傳〔M〕，上海：上海古籍出版社，1997 年。

5. （漢）許慎，說文解字〔M〕，北京：中華書局，1963 年。

6. （清）段玉裁，說文解字注〔M〕，上海：上海古籍出版社，1981 年。

7. （漢）司馬遷，史記〔M〕，湖南：嶽麓書社，2002 年。

8. （漢）班固，漢書〔M〕，北京：中華書局，1962 年。

9. （西晉）陳壽，三國志・卷十六・魏書〔M〕，北京：中華書局，1959 年。

10. （唐）李延壽撰，北史・隋煬帝紀〔M〕，北京：中華書局，1974 年。

11. （唐）杜佑，通典〔M〕，北京：中華書局，1984 年。

12. （宋）歐陽修、宋祁・新唐書〔M〕，北京：中華書局，1975 年。

13. （元）脫脫等，宋史〔M〕，北京：中華書局，1977 年。

14. （明）黃淮編，歷代名臣奏議〔M〕，上海：上海古籍出版社，1989 年。

15. （周）呂望，六韜（卷1，盈虛）〔M〕，上海：上海書店，1989年。

16. （戰國）韓非子著，陳奇猷校注，韓非子新校注〔M〕，上海：上海古籍出版社，2000年。

17. （周）管仲，管子〔M〕，上海：上海古籍出版社，1990年。

18. 諸子集成〔M〕，上海：上海書店，1986年。

19. （宋）王欽若，冊府元龜〔M〕，北京：中華書局，1980年。

20. （戰國）屈原著，湯炳正等注，楚辭今注〔M〕，上海：上海古籍出版社，1996年。

21. （南朝梁）劉勰，文心雕龍〔M〕，北京：商務印書館，1937年。

二、當代文獻

1. 趙鳳喈，中國婦女在法律上之地位〔M〕，中華教育文化基金董事會社會調查部，1977年。

2. 孟森，明清史講義〔M〕，北京：中華書局，1981年。

3. （法）列維・布留爾著，丁由譯，原始宗教〔M〕，北京：商務印書館，1981年。

4. 顧頡剛，古史辨〔M〕，（第一冊・自序），上海：上海古籍出版社，1982年。

5. 呂思勉，中國制度史〔M〕，上海：上海教育出版社，1985年。

6. 史鳳儀，中國古代婚姻與家庭〔M〕，武漢：湖北人民出版社，1987年。

7. 馮爾康，中國社會史研究概述〔M〕，天津：天津教育出版社，1988年。

8. 張亮采，中國風俗史〔M〕，上海：上海文藝出版社，1988年。

9. 黃留珠，中國古代選官制度述略〔M〕，西安：陝西人民出版社，1989年。

10. 楊伯峻，春秋左傳注〔M〕，北京：中華書局，1990年。

11. 高洪興等，婦女風俗考〔M〕，上海：上海文藝出版社，1991年。

12. 牟復禮、崔瑞德，劍橋中國明代史〔M〕，北京：中國社會科學出版社，1992年。

13. 臺灣省文獻委員會，重修臺灣省通志・卷6・旌賞善行〔M〕，出版社不詳，1993年。

14. 王文斌著，瘋狂的教化：貞節崇拜之通觀〔M〕，瀋陽：遼寧人民出版社，1993年。

15. 朱漢民，忠孝道德和臣民精神——中國傳統臣民文化論析〔M〕，鄭州：河南人民出版社，1994年。

16. 錢穆，國史大綱（修訂本）〔M〕，北京：商務印書館，1996年。

17. 顧寶田，洪澤湖，尚書譯注〔M〕，吉林文史出版社，1996 年。

18. 陳來，古代宗教與倫理〔M〕，北京：三聯書店 1996 年。

19. 冀書鐸、趙雲田，中國社會通史·清前期卷〔M〕，山西：山西教育出版社，1996 年。

20. 章義和、陳春雷著，貞節史〔M〕，上海：上海文藝出版社，1999 年。

21. 趙園著，明清之際士大夫研究〔M〕，北京：北京大學出版社，1999 年。

22. 郭沫若，中國古代社會研究〔M〕，石家莊：河北教育出版社，2000 年。

23. 鄭師渠編著，中國文化通史·明代卷〔M〕，北京：中共中央黨校出版社，2000 年。

24. 周瀚光、朱幼文、戴洪才，管子直解〔M〕，上海：復旦大學出版社，2000 年。

25. （德）卡爾·韋伯著；曼海姆譯，意識形態與烏托邦〔M〕，北京：商務印書館，2000 年。

26. 梁其資著，施善與教化—明清的慈善組織〔M〕，石家莊：河北教育出版社，2001 年。

27. 葛兆光，中國思想史〔M〕，上海：復旦大學出版社，2001 年。

28. 徐復觀，中國人性論史，先秦篇〔M〕，上海：上海三聯書店，2001 年。

29. （美）C·賴特·米爾斯著，陳強、張永強譯，社會學的想像力〔M〕，北京：三聯書店，2001 年。

30. 郭玉峰著，明清人口婚姻家族史論〔M〕，天津：天津古籍出版社，2002 年。

31. 金其楨著，中國牌坊〔M〕，重慶：重慶出版社，2002 年。

32. 張顯清、林金樹，明代政治史〔M〕，桂林：廣西師範大學出版社，2003 年。

33. （德）馬克斯·韋伯著；洪天富譯，儒教與道教〔M〕，南京：江蘇人民出版社，2003 年。

34. 李世愉，中國歷代科舉生活掠影〔M〕，瀋陽：瀋陽出版社，2005 年。

35. 王曉清，元代婚姻形態〔M〕，湖北：武漢出版社，2005 年。

36. 郭松義，定宜莊著，清代民間婚書研究〔M〕，北京：人民出版社，2005 年。

37. 郭培貴，明代選舉志考論〔M〕，北京：中華書局，2006 年。

38. 馮友蘭，馮友蘭談哲學〔M〕，北京：當代世界出版社，2006 年。

39. 常建華著，婚姻內外的古代女性〔M〕，北京：中華書局，2006 年。

40. 王彥章，清代獎賞制度研究〔M〕，合肥：安徽人民出版社，2007 年。

41. 南炳文，明史新探〔M〕，北京：中華書局，2007 年。

42. （美）黃仁宇，萬曆十五年〔M〕，北京：中華書局，2007 年。

43. 沈大明著，《大清律例》與清代的社會控制〔M〕，上海：上海人民出版社，2007 年。

44. 趙軼峰，明代的變遷〔M〕，上海：三聯書店，2008 年。

45. （英）托尼‧比徹著，學術部落及其領地〔M〕，北京：北京大學出版社，2008 年。

46. 謝貴安，明清文化史探研〔M〕，北京：商務印書館，2010 年。

47. 呂友仁，李正輝注釋，周禮‧大宗伯〔M〕，中州古籍出版社，2010 年。

三、論文文章

1. 張曉蓓，清代婚姻制度研究〔D〕，中國政法大學博士學位論文，2003 年。

2. 吳曉紅，中國古代女性意識——從原始走向封建禮教〔D〕，蘇州大學博士學位論文，2004 年。

3. 李豐春，傳統旌表活動與基層社會的控制〔D〕，上海大學博士學位論文，2008 年。

4. 田冰，明代官員諡號研究〔D〕，河南大學博士學位論文，2009 年。

5. 景紅艷，西周賞賜制度研究〔D〕，陝西師範大學博士學位論文，2006 年，（10）。

6. 王麟，從《名公書判清明集》看南宋婦女的守寡與再嫁〔D〕，中國政法大學碩士學位論文，2005 年。

7. 朱文利，明末清初戰爭中女性自殺研究〔D〕，暨南大學碩士學位論，2006 年。

8. 潘大禮，幽光：晚清武昌府列女研究〔D〕，華中師範大學碩士學位論文，2007 年。

9. 宋秋穎，明代的養老政策〔D〕，吉林大學碩士學位論文，2007 年。

10. 韓帥，漢代旌表制度初探〔D〕，山東師範大學碩士學位論文，2008 年。

11. 夏靜，中國古代存留養親製度研究〔D〕，南京師範大學碩士學位論文，2008 年。

12. 吳豔豔，中國古代旌表制度研究〔D〕，黑龍江大學碩士學位論文，2009 年，（4）。

13. 崔靖，明代前期旌表制度研究〔D〕，黑龍江大學碩士學位論文，2011 年。

14. 劉洋，清代前期旌表制度研究〔D〕，黑龍江大學碩士學位論文，2011 年。

15. 朱紹侯，秦軍功爵制簡論〔J〕，河南大學學報（社會科學版）1979 年，（6）。

16. 許振興，論明太祖與功臣的關係〔J〕，中州學刊，1985 年，（06）。

17. 蔡凌虹，明代節婦烈女旌表初探〔J〕，福建論壇（人文社會科學版），1990 年，（6）。

18. 李飛，中國古代婦女孝行史考論〔J〕，中國史研究，1994 年，（03）。

19. 葛志毅，《列女傳》與古代社會的婦女生活〔J〕，中華文化論壇，1997 年，（3）。

20. 晁福林，先秦時期爵制的起源與發展〔J〕，河北學刊，1997 年，（3）。

21. 黎小龍，義門大家庭的分布與宗族文化的區域特徵〔J〕，歷史研究，1998 年，（02）。

22. 黃修明，中國古代賜姓賜名製度考論〔J〕，四川師範大學學報（社會科學版），2000 年，（6）。

23. 榮寧，試論明代恩蔭制度〔J〕，青海社會科學，2000 年，（06）。

24. 安介生，清代山西重商風尚與節孝婦女的出現〔J〕，清史研究，2001 年，（1）。

25. 王鋒、林燕飛，傳統貞節觀的經濟分析〔J〕，中州學刊，2001 年，（5）。

26. 阮春林，初探明清節婦生活的經濟來源〔N〕，撫州師專學報，2001 年，第 20 卷。

27. 劉凌，儒家「孝」論的時代條件及歷史評價〔J〕，泰山學院學報，2001，（01）。

28. 陳剩勇，理學「貞節觀」、寡婦再嫁與民間社會——明代南方地區寡婦再嫁現象之考察〔J〕，史林，2001 年，（2）。

29. 安介生，清代山西重商風尚與節孝婦女的出現〔J〕，清史研究，2001 年，（1）。

30. 張濤，被肯定的否定——從《清史稿·列女傳》中的婦女自殺現象看清代婦女境遇〔J〕，清史研究，2001 年，（3）。

31. 郭玉峰，中國古代貞節的結構、演變及其實質〔J〕，天津社會科學（社會史研究），2002 年，（5）。

32. 王美華，官方旌表與唐宋兩代孝悌行為的變異〔J〕，東北師範大學學報，2003 年，（02）。

33. 趙克生，試論明朝太廟的功臣配享及其變動〔J〕，故宮博物院院刊，2005 年，（05）。

34. 趙克生，義民旌表：明代荒政中的獎勸之法〔J〕，史學月刊，2005 年，（3）。

35. 段穎惠，從《明史·列女傳》析明代婦女的貞潔觀念〔J〕，殷都學刊，2005 年，（04）。

36. 郭玉峰，兩漢時期貞節觀念的世俗化趨向〔N〕，天津師範大學學報（社會科學版），2005 年，（2）。

37. 張錫勤，論宋元明清時代的愚忠、愚孝、愚貞、愚節〔J〕，道德與文明，2006 年，（2）。

38. 辛靈美，貞節牌坊考論〔N〕，聊城大學學報（社會科學版），2006 年，（4）。

39. 李豐春，社會評論視野中的旌表制度〔J〕，河南大學學報，2007 年，（05）。

40. 劉嵐，《儒林外史》中的寡婦命運〔J〕，文學教育，古典重讀 2007 年，（1）。

41. 徐秀玲，明代兗州地區婦女貞節現象透視〔N〕，信陽農業高等專科學校學報 2007 年，17（2）。

42. 那曉凌，明清時的「義夫」旌表〔J〕，北京大學研究生學誌，2007 年，（2）。

43. 郭培貴、董飛，簡論明朝對節烈女性的獎勵〔J〕，吉林省教育學院學報，2007 年，（10）。

44. 王麗韞，從徽州貞節牌坊的盛行看徽商婦的生存狀態〔N〕，銅陵學院學報（文化藝術），2007 年，（6）。

45. 秦永洲，韓帥，中國旌表制度溯源〔N〕，山東師範大學學報（人文社會科學版），2007 年，52（6）。

46. 郭培貴，董飛，簡論明朝對節烈女性的獎勵〔N〕，吉林省教育學院學報，2007 年，（10）。

47. 胡靜，清代甘肅列女群產生的原因〔N〕，甘肅聯合大學學報（社會科學版），2007 年，23（1）。

48. 張盛秋，王蘋，「理」與「利」：清代婦女的現實選擇〔J〕，大眾科學（科學研究與實踐），2007 年，（11）。

49. 雷炳炎·試說清代五等爵〔J〕，文史知識·2007 年，（3）。

50. 張傑·清代科舉制度與傳統政治文化〔J〕，遼寧大學學報，2008 年，（2）。

51. 常培軍·中國古代旌節述論〔J〕，許昌師範學報，2008 年，增刊。

52. 尹錫昊·淺談清代前期的官路〔J〕，科學之友·2008 年，（2）。

53. 霍有明·清代科舉文獻與科舉制度的文化觀照〔J〕，武漢大學學報，2010 年，（4）。

四、工具書

1. 辭源〔Z〕，（第二冊）北京：商務印書館，1984 年。

2. 漢語大詞典〔Z〕，漢語大詞典出版社，1994 年。

3. 古漢語大詞典〔Z〕，上海：上海古籍出版社，2000 年。

4. 陳選善，教育研究法〔M〕，福建：福建教育出版社，2007 年。

5. 張紅霞，教育科學研究方法〔M〕，北京：教育科學出版社，2009 年。

五、重要網站資料

1. 甲骨文查詢 http://www.chineseetymology.org
2. 中國期刊全文數據庫 http://www.cnki.net/
3. （臺灣）國家圖書館全國博碩士論文信息網 http://etds.ncl.edu.tw/
4. （臺灣）中央研究院歷史語言研究所 http://www.ihp.sinica.edu.tw/
5. （臺灣）國立臺北大學社會教育學系信息網 http://social.ntue.edu.tw/